女らしさ・男らしさ

心理学ジュニアライブラリ

ジェンダーを考える ……………… 森永康子

07

北大路書房

心理学ジュニアライブラリ

07

女らしさ・男らしさ

ジェンダーを考える

森永康子

北大路書房

目次

序章 最初に，この本の紹介。どんなことが書いてあるか，どんな人に読んでほしいか，筆者の気持ち …………5
女と男，どっちが得？／女が先，男が後？／さて，クイズだよ！／スウェーデンのお父さん／さあ，いよいよ始まりだよ

1章 「女と男って何か」から始めてみよう ………14
そもそも女と男って何さ：女と男はどこが違うんだろう？／あなたは女？　男？　どちらでもない？／女になるしくみ，男になるしくみ／女と男の区別って？／そもそも女と男って何さ──ここまでのまとめ／でも，女と男はぜんぜん違うじゃん──ところで「違う」って何？／もしかして女の中，男の中の違いのほうが大きいかな／でも，女と男はぜんぜん違うじゃん──「本当に」違う？／違うように見えるだけかも──ものをグループに分けると……／グループが違うと実際よりもかなり違って見えるらしい／日本人とスウェーデン人の身長も／中高生のつぶやき／では，ここで「セックス」と「ジェンダー」の話をしよう／言葉づかいからセックスとジェンダーを考えてみよう／赤ちゃんのお誕生祝いのリボンは何色？／女の子のおもちゃ，男の子のおもちゃ／女の子はこわがり，男の子は怒る？／社会によってつくられた性別──ここで，まとめ

2章 ここが本番　ジェンダーの話 ………………46
まず，ジェンダー・ステレオタイプのお話から／だれでもステレオタイプをもっている／ステレオタイプがあると楽なんだよね／ステレオタイプはどうやってできる──まず，家庭のことから／マンガの影響って強いような気がす

る／学校でもジェンダー・ステレオタイプがつくられる／ステレオタイプはどうやってできる——ここまでのまとめ／楽ならいいじゃん……？／ジェンダー・ステレオタイプは，他の人の見方を変えてしまう／心理学者さえも……／学校の先生だって……／自分のやっていることだって……／他の人をステレオタイプ通りの人間に変えてしまうことも／男の子が科学が得意なワケ／「女らしくしろ」「男らしくしろ」のルール／女は勉強しなくてもいいの？／まず質問に答えてみよう／女らしさは女にとっては大切だけど……／男であることは証明が必要らしい／でもね，日本の男もたいへんだよ／命さえ賭ける男らしさ／それは将来の仕事でも……／女ならコーヒー入れるのも仕事？　男なら残業は当然？／「女は家庭，男は仕事」の歴史／でも，私には関係ないよ——本当に関係ないのかな？

終章　**最後に。私の気持ちがあなたに伝わるとうれしいなという話** ……………99
彼女が女らしいワケ，彼が男らしいワケ／女は地図が読めない！？　男は話が聞けない！？／本当に脳の違いなのかなあ／そして，自分のことを考えてみよう／迷ったときのお手本——ジェンダー・ステレオタイプ／ここで，もう1度仕事の話をしてみよう／20kgの箱を運ぶ人は？／20kgは5kgを4回／女らしさと男らしさを両方身につけるって……／他の人とちょっと違うことをやってみる？／他の人とちょっと違うことを考えてみる？／そして，親や先生も……／そして，最後の最後に，感謝の言葉

序章

最初に、この本の紹介。
どんなことが書いてあるか、
どんな人に読んでほしいか、筆者の気持ち

   女の子は何でできている？
   女の子は何でできている？
    砂糖とスパイス、
   そして、ステキなものいっぱい、
  女の子はそんなものでできている。

   男の子は何でできている？
   男の子は何でできている？
   カエルとカタツムリ、
   そして、子犬のしっぽ、
  男の子はそんなものでできている。

　これは、マザー・グースとよばれるイギリスに古くから伝わる子どもの歌を訳したものです。さすがに、この本を手に取っているみなさんは、女の子が砂糖やスパイスでできていて、男の子がカエルとカタツムリでできている、なんて思ったりはしていませんよね。

そう，女の子も男の子も，みんな人間は小さな小さな細胞がたくさん集まってできています。でも，そうはいっても，このマザー・グースの歌のいっている意味もなんとなくわかるような気もしますね。「女の子は女らしいし，男の子は男らしい」，そう，「女と男は，何かが違う」……

この本は，そんな「女も男も同じ生き物。でも，なんとなく，女と男は違っているような気がするなあ」と言う人のために書いたものです。もちろん，「女と男は絶対に違う生きものだよ！」とか「砂糖とカエルじゃないけど，女と男はホルモンが違うじゃん」としっかり信じている人にも読んでほしいなと思います。あ，それから，この本は，中学生や高校生のみなさんに読んでもらおうと思って書いたのですが，大人が読んだってちっともかまいません。

◆——女と男，どっちが得？

さて，マザー・グースから離れて，ぐっと現実的になりましょう。みなさんは，これまで，「女は損だなあ」とか「男はずるいなあ」とか「女の子は楽だなあ」と思ったり感じたりしたことがありますか。思ったことのある人，それはどんなときでしたか。

いろいろと思いつくことがあるかもしれませんね。たとえば，

＊同じように宿題を忘れても，先生は男子にはきびしいけ

序章　最初に，この本の紹介……

ど，女子にはあまい。
＊お兄ちゃんはテレビを見ているのに，妹の私だけご飯を作るのを手伝わされる。
＊お兄ちゃんや弟は家に帰るのが遅くなってもしかられないのに，女の私だけ遅くなったらしかられる。
＊デートのとき，男はお金をたくさん払わないといけない。
＊近所の焼き肉屋さんの食べ放題は女性1500円，男性は3000円。
＊野球が好きなのに，女子は甲子園に出られないと言われた。

……みたいなことを今まで経験してきた人もいるでしょう。そんな経験を全部合わせて考えてみると，女と男，本当に得をしているのはどっちだと思います？そして，女と男は違う生きものだと思います？　この本は，そんな究極のテーマについて，ひとりの心理学者が（あ～，つまり，私のことですが），知恵をしぼり歯を食いしばり汗を流しながら書きあげたものです。

　しかし……，じつは，この本にはそういう疑問についての答は書いてありません。「な～んだ，つまんない」なんて思わないで。この本を読み終わるころには，みなさんが，「女と男，どっちが得？」といった疑問をどう考えればいいのかという考え方や，どうして「女と男は違う！」と思ってしまうのかという心のしくみがわかるようになっているはずです。

◆——女が先，男が後？

　ところで，この本をここまで読んで，文章の中で「女が先，男が後」になっていることに気づきましたか。気づいた人は，そのことに「あれ？」と思ったりしましたか。「あれ？」と思った人，どうして「あれ？」と思ったのでしょうか。

　ここで，「女が先，男が後」という言葉の順番をちょっと考えてみましょう。みなさんは，コンピュータやワープロで「だんじょ」と入力したことがありますか。「だんじょ」と入力すると，たいていの場合，「男女」という漢字に変換してくれます。では，「じょだん」と入力するとどうでしょうか。私のコンピュータでは「じょだん」には「序段」という漢字しか入っていません。つまり，今の日本語では，女性と男性を合わせた言葉としては「男」⇨「女」という順番しかないようです。こういう順番に慣れてしまうと，私たちの頭は「男が先，女が後」というのがふつうだと思い込むようになってしまうのです。この本を読んでいて，「女が先になってる」と気づいた人や，気づかなくてもなんとなく変だなあと感じた人も多いと思います。「男が先，女が後」に親しんでいると，逆になったものを見るとなんだか変に感じるのです。もし，いつも「女男」っていう言葉を使っていたら，「男女」になると，きっと変な感じがするでしょうね。

　こんなふうに，私たちがふだんあたりまえと思っていることや，よくわかっていると思っているようなこ

序章　最初に，この本の紹介……

とも，ちょっと違うところから見直してみると，意外とあたりまえでなかったり，わかっていなかったり，なのです。みなさんの中には，「女と男は違うのは，あたりまえじゃん」と言う人もいると思いますが，本当に「あたりまえ」なのかどうかについてもう1度考えてみるためにも，この本をぜひ読んでみてください。

　そうそう，この本の最初に出てきたマザー・グースの歌も，本当は，やっぱり男の子が先に書いてありました。

◆――さて，クイズだよ！
　さあ，クイズです。よーく考えてみてね！

クイズ　子どもがお父さんの運転する車で出かけています。でも，その途中で事故にあってしまいました。子どもは救急病院へ運ばれ手術を受けるこ

この3人の関係って？

> とになりました。しかし，手術を担当することになった外科のお医者さんは，手術台に寝ている子どもを見たとたん「自分の子どもの手術はできない！」と言いました。
> 　さて，このお話に出てくる，子ども，車の運転をしている人，病院のお医者さんの3人の関係はいったいどんなものだと思いますか。ちなみに，この3人は血のつながった親子です。

　答は，「車を運転しているのは子どものお父さん，病院の外科医はお母さん」なのです。答が当たった人はいますか。当たらなかった人たちは，言われてみれば「なんだあ，そんなことか」と思ってるかな。この答を思いつかなかった人の中には，「両親が離婚して，車を運転していたのは前の父親で，外科医は今の父親。でも血がつながっていないなあ」と頭をひねった人もいるかもしれませんね。そんな人は，このクイズのお話をもう1度読んでみてください。どこにもお医者さんが男の人だと書いたところはありません。外科医という言葉を聞いてすぐ男の人を思い浮かべた人，きっと正解がわかるまでにはかなり時間がかかるでしょうね。ところで，なぜ男性の医者だけを思い浮かべてしまったのでしょうか。

　このクイズは，知らないうちに，「女」と「男」というものが私たちの頭の中にしっかりと入り込んでいることを教えてくれます。「私の母は仕事をしていま

序章　最初に，この本の紹介……

す」とだれかが言うと，「あ，この子の親は2人とも働いているんだな」と想像する人が多いでしょう。その人は，お父さんのことを何も言ってなくてもです。

　お父さんは働く人，つまり男の人はみんな働いているというのは，単なるあなたの思い込みなのかもしれません。ごはんを作るのはお母さんというのも，あなたの思い込みなのかもしれませんね。え？「お父さんが働いてお母さんがごはんを作るのはあたりまえじゃん。うちもそうだし，ぼくの友だちの家はみんなそうだよ」「そうさ，世界の常識だよね」。おやおや，それって本当？

◆──スウェーデンのお父さん

　ここで，スウェーデンという国のことをちょっと紹介しましょう。スウェーデンがどこにあるか知ってますよね。ん？

　スウェーデンでは国会議員の42.7%が女性なのです。列国議会同盟（IPU）というところが，国会議員の中に女性の占める割合が世界で一番高い国だと報告しています（161か国を対象に2000年9月に行った調査）。ちなみに，日本には衆議院と参議院の2つの議会がありますが，女性の占める割合は，衆議院では7.5%で161か国中104位，参議院では17.1%で，2つめの議会をもつ57か国中24位でした。

スウェーデンはココ

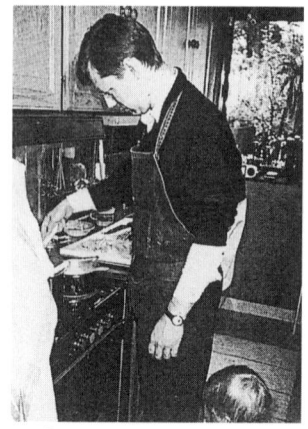
エプロンが似合うお父さん★1

　少し古い話ですが、このスウェーデンで1990年に新しい内閣ができたとき、22人の閣僚のうち8人が女性でした。その女性のひとりで労働大臣を務めることになったモナ・サリーンさんは3人の子どもをもつ母親でした。そして、子育てのために仕事を休んだのは夫のボッセさんでした。

　どうやら、お父さんが働いてお母さんがごはんを作るというのは、世界の常識ってわけではないようですね。そして、このスウェーデンのボッセさんの話は10年以上も前のこと。もしかしたら、子育てのために仕事を休んで、エプロンをつけてごはんを作っているお父さんは、今や世界中にいっぱいいるかもしれませんね。

　そうそう、イギリスのブレア首相（男性）は、2000年5月に4番めの子どもが生まれたとき、赤ちゃんのために仕事を2週間お休みしたそうです。たった2週間でしたが、国を動かしている政治家の中で一番トップにいる人が、子育てのために仕事を休むなんてすごいと思いませんか。

　日本でも1992年から育児休業制度が始まり、1歳未満の子どものいる人は、女性でも男性でも、子育てのために仕事を休めるようになりました。そして、2002年からは3歳未満の子どもをもつ人たちが育児休業制度を利用できるようになった職場もあります。まだま

だ人数は少ないのですが，日本のお父さんの中にも，この制度を利用して子育てのために仕事を休んでいる人もいます。

◆――さあ，いよいよ始まりだよ

　どうですか。「お父さんが働いてお母さんがごはんを作るのはあたりまえ」「子どもを育てるのはお母さんの役目だ」と思い込んでいた人。その思い込みは少しはくずれたかな。こんな感じで，これからあなたの頭の中の「思い込み」や「あたりまえ」を1つずつ破壊していきましょう。この本を読み終えた後，これまで見えなかったものが見えるようになったり，これまであたりまえと思っていたものが不思議に思えるようになったりするはずです。さあ，勇気をもって，この本を読み続けましょう。もちろん，途中でトイレに行ったり，テレビゲームをしたり，宿題をしたり，友だちと遊んだりしても，ぜんぜんかまいません。

　あ，そうそう，さっきのクイズですが，「外科医は男の人」っていう思い込みをしているのは，あなただけではありません。ためしに，このクイズを，学校の先生やお母さん，お父さん，友だちに出してみてください。多くの人はきっと「え～～～っと，前のお父さんと新しいお父さんでしょ……。でも，それだと血が……」などと考えこむことでしょう。フフッ，楽しみですね。

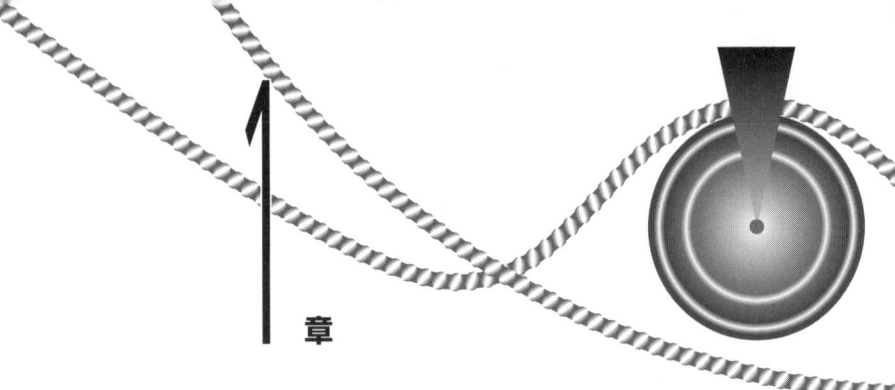

1章

「女と男って何か」から始めてみよう

◆——そもそも女と男って何さ：女と男はどこが違うんだろう？

　今まで，**女**，**男**という言葉を使ってきましたが，いったいどんな人を「女」とよび，どんな人を「男」とよぶのでしょうか。そもそも「女」と「男」っていったい何でしょうか。さて，ここで突然，質問です。

質問1　女と男は何が違っているのでしょうか。そして，何が同じなのでしょうか。それぞれ，5つずつ思いつくものを書いてみてください。どんなことでもかまいません。5つ思いつかなくてもOK。気軽に答えてみてね。

〈女と男で違っているところ〉

〈女と男で同じところ〉

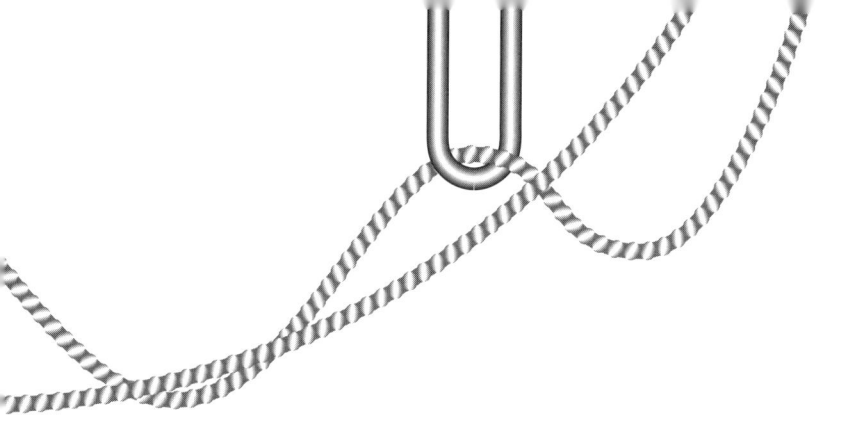

　書き終わりましたか。違っているところと同じところ，どちらを書くのが簡単でしたか。違っているところを書くのが簡単だったという人が多いかもしれませんね。大学生に同じ質問をしても，「同じところは思いつかない」「同じところを書くのはむずかしかった」という人がたくさんいます。どうしてでしょうかね。

　まず，女と男で違っているところを考えてみましょう。すぐ思いつくのは，身体のことかもしれませんね。たとえば，背の高さ，ひげ，声の高さ，体力のことなどを書いた人も多いでしょう。性器のことも思いつきましたか。恥ずかしくて書けなかった人もいるかな。では，身体で同じところは何があるでしょうか。思いつくのがむずかしかったかもしれませんが，たとえば，心臓がある，脳があるなどがあります。

　さて，ここまででちょっと考えてみてください。女と男で違うものの1つ，性器は人間が生きていくため

にどのくらい重要なものでしょうか。もちろん性器は私たちにとって，とても大切なものです。でも，じつは人間が生きていくために絶対に必要というわけではありません。なにしろ手術で切り取ったりつくったりする人もいるくらいですから。でも，心臓や脳はどうでしょうか。これを手術で切り取ったら……。そう，その人は死んでしまいます。ということは，もしかしたら，女と男で同じところは人間が生きていくために絶対に必要なものが多くて，違うところは心臓や脳ほど必要なものではないのかもしれませんね。

　さて，女と男で違うところに，身体以外のことについて書いた人もいるでしょう。そのことは，また後でもう1度考えますので，ここは先に進みましょう。

◆──あなたは女？　男？　どちらでもない？
　さて，もう1つの質問です。今度はあなた自身について聞きます。

> 質問2　今この本を読んでいるあなたは，自分のことを女だと思っていますか，男だと思っていますか，どちらでもないと思っていますか，女と男との両方と思っていますか。どれか1つに○をつけてください。
> 　女　　男　　どちらでもない　　女と男の両方
> 〈では，その証拠は？〉

1章　「女と男って何か」から始めてみよう

　さて，みなさんは自分のことを何だと答えましたか？　そして，その証拠にあげたものは何でしたか。たぶんみなさんが証拠として書いたのは，身体のしくみのことじゃないかなと思います。もしかしたら，恥ずかしくて書けなかったかもしれないけど，自分の性器のことを思い浮かべた人も多いでしょう。それでは，その性器は，あなたが女である，男であることの完ぺきな証拠になるのでしょうか。

◆――女になるしくみ，男になるしくみ
　ここで，赤ちゃんが女や男になるしくみについて考えてみましょう。理科や保健体育の勉強みたいになってしまうけど，続けて読んでください。
　私たちの身体はたくさんの細胞からつくられています。その細胞の中には染色体とよばれるものがあり，人間は23ペアで46本の染色体をもっています（図1）。この染色体の中に遺伝子が入っています。遺伝子というのは，あなたが今のあなたであるための情報が入っているものです。生まれる前につくられた，私たちの設計図のようなものだといってもいいでしょう。
　ひとりの人間の命は，卵子と精子がいっしょになること（これを受精といいます）によって始まります。卵子と精子はそれぞれ23本ずつの染色体しかもっていませんが，いっしょになることで，ひとりの人間が23ペア計46本の染色体をもつことになります。この23ペア46本の中に，性染色体とよばれる1ペア2本の染色

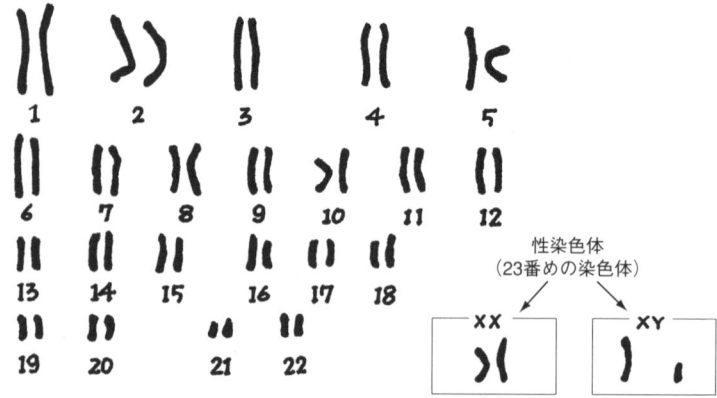

図1 これが染色体だよ

体があり、XやYとよばれます。女性といわれる人たちのほとんどは、この性染色体がXX、男性とよばれる人たちのほとんどはXYの組み合わせになっているようです。

卵子と精子がくっついてから誕生するまでに、人間のいろいろな部分がつくられていきます。心臓、脳、目、髪の毛、胃、腸などなど。性器もその1つです。では、性器がどのようにつくられていくのかを見てみましょう。図2を見てください。この絵は、受精後の赤ちゃんの性器がどのように変わっていくかを描いたものです。

まず、一番上の絵を見てください。これは、卵子と精子がくっついてから2〜3か月たった赤ちゃんのおなかの中にある「性器のもと」を描いたものです。「性器のもと」と書いたのは、このころはまだ性器と

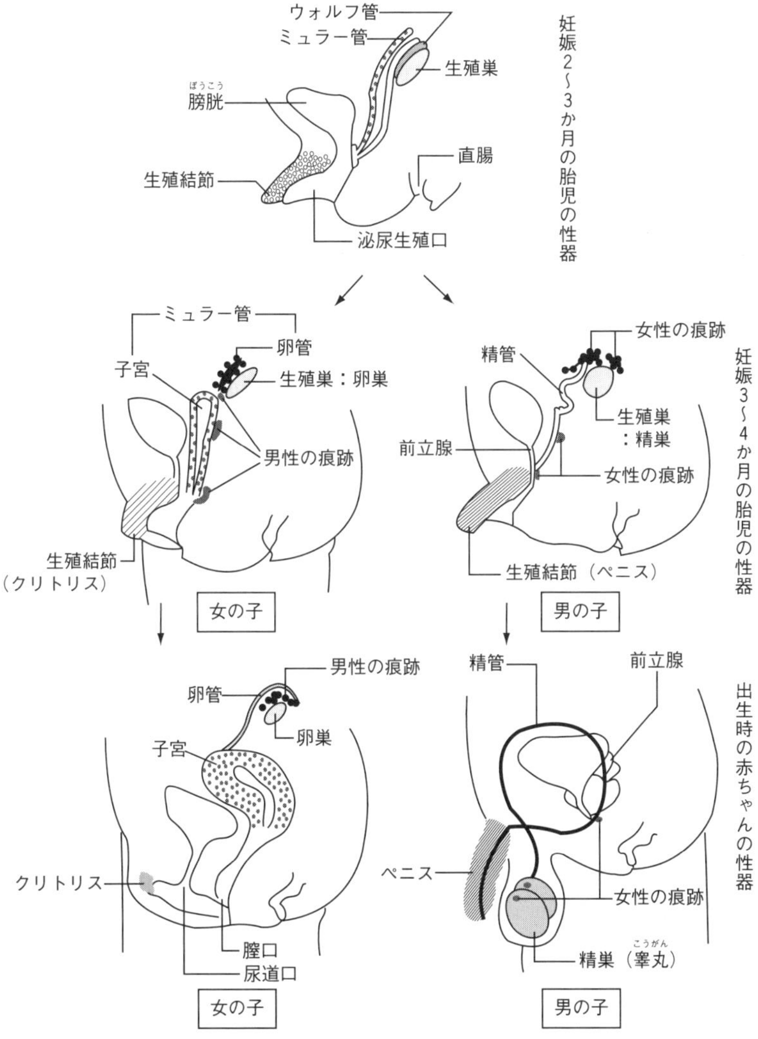

図2　赤ちゃんの性器の変化[*2]

いうほどのものではなく、将来、性器になる「もと」のようなものだと思ったほうがいいからです。そして、このころの赤ちゃんは、染色体がXXだろうとXYだろうと「性器のもと」は、まったく同じ形をしています。XXの赤ちゃんもXYの赤ちゃんも、女性器になるミュラー管、男性器になるウォルフ管の両方をもっているのです。

　真ん中の段の絵は、受精してから3〜4か月たった赤ちゃんの性器を描いたものです。このころになると、XYの赤ちゃんのほうはY染色体にある性別を決める遺伝子がはたらき、右の絵のように、精巣ができるようになります。そして、その精巣から男性ホルモンが出て、「性器のもと」が男の子の性器のように変わり始めます。このような変化が始まるとミュラー管（女性器のもと）がなくなっていきます。

　そして、こうした変化が起こらなかったとき、ウォルフ管（男性器のもと）がだんだんとなくなっていき、ミュラー管が発達して、卵巣などの女性器がつくられていきます。

　卵巣のできた赤ちゃんは卵巣から出る女性ホルモン、精巣ができた赤ちゃんは精巣から出る男性ホルモンのはたらきで、それぞれに応じた性器がつくられていきます。そして、図2の一番下の絵のように、外から見てもわかるような性器になって、生まれたときに、「おめでとうございます、女

赤ちゃん誕生！

の赤ちゃんです！」「おめでとうございます，男の赤ちゃんです！」となるのです。

◆──女と男の区別って？

ついに赤ちゃん誕生です。赤ちゃんはふつう，身体の外に出ている性器の形から女か男かに決められます。でも，ちょっと待ってくださいね。本当に，性器の種類はたった2つしかないのでしょうか。

ここでクラスのお友だちの顔や身体つきを思い浮かべてみてください。顔の形やつくり，身体の大きさは人によってさまざまで，まったく同じ顔や身体つきの人が何人もいるなんてことはありませんね。だとしたら，性器も人によって少しずつ違っていても不思議ではありませんね。

もう1度，図2の一番下の絵を見てください。女の子にはクリトリス，男の子にはペニスというものがあります。この2つはもともと同じ「生殖結節」というものからつくられています（図2の一番上の絵に「生殖結節」の場所が書いてあります）。ちょっと見方を変えると，この2つは単に大きさが違うだけで，小さいものをクリトリス，大きいものをペニスとよんでいるだけともいえます。

性器は，大きさだけでなく，形や，時にはつくりも，人によって違うのです。それは，Y染色体にある性別を決める遺伝子がどんなふうにはたらくか，女性ホルモンや男性ホルモンの量がどのくらいか，いつごろそ

のホルモンが出るか，ホルモンにどんなふうに反応するか，などが一人ひとり違っているからです。また，女性ホルモンや男性ホルモンは卵巣や精巣だけでなく，副腎(ふくじん)というところからも出ているので，そのことによっても影響を受けます。こんなふうに性器がつくられていく道すじのいろいろなところでいろいろなことがあるので，性器も人によって少しずつ違ってくるようになるのです。だから性器の種類は2つっていうより，人によってみんな違うといったほうがいいような気がします。

そして，人によってみんな違う性器を2つに分けて，ここまでは女の子，ここからは男の子と線を引いてしまうことで，性別という区別ができるのかもしれません。だから，線の引き方が違えば，今は女の子のあなたも男の子の中に入るってこともあり得るのかも……。

「え～っ，でも，性染色体を調べれば，女か男かはわかるはずじゃないっけ？」って思っている人もいるかも……。

そうですね。多くの人は，理科や保健体育の時間に，「女はXX，男はXY」と習ったかもしれません。でも，人間はみんな，XXかXYのどちらかということはないのです。もともとXが1つしかないとか，XXYだったりということだってあり得るのです。たとえば，XXのどちらか1つがぜんぜんないか短くなっている女性もいます。また，XXYとなっていたり，XXXYとなっていたり，あるいはXYとXXYが同時に存在し

1章 「女と男って何か」から始めてみよう

ていたりするという男性もいます（興味のある人は，http://www.tokyo-med.ac.jp/genet/ts/turnerj.html，http://www.tokyo-med.ac.jp/genet/ks/ksinfoj.htmlなどを見てください）。ほかにも，もっといろいろな染色体の組み合わせがあるようです。もっと知りたい人は，この本の最後に紹介している参考図書を見てください。

◆──そもそも女と男って何さ──ここまでのまとめ

さて，いろいろと説明してきましたが，じつは，ここに書いてあることはだいたいのことで，どうやってある人たちが女になり，ある人たちが男になるのか，細かいところは正確にはよくわかってないというのが本当です。でも，ここまで読んだ人は，性別ってのは，卵子と精子がいっしょになった瞬間からきちんと別れているというのではなく，女と男の境目はけっこうあいまいってことに気づいてもらえたでしょうか。

そうそう，1つお願いですが，こうした遺伝子やホルモンのはたらきで，どちらの性別を名乗っていいのかわからなくて悩んでいる人もいます。でも，これはその人のせいではありません。どちらかというと，「おまえは女なのか？ 男なのか？ はっきりしろ！」と言っている人がいるから出てくる問題なのかもしれません。どうぞ，そういう人がいたら興味本位でからかったりすることのないようにしてください。

◆——でも，女と男はぜんぜん違うじゃん
　——ところで「違う」って何？

　「だけどぉ，女と男の境目はあいまいだって言ったってさぁ，女と男はぜんぜん違うと思うなぁ」と言うあなた。ここで14ページで答えてもらった「女と男で違っているところ」に，もう一度返ってみましょう。

　身体以外のことで，女と男で違うところにどんなものを書きましたか。「女はやさしい，国語が得意，人の世話が好き，感情的。男は数学や理科が得意，さっぱりしている，リーダーシップがある，論理的」といったことを書いた人もいるかもしれませんね。こうした性格や能力，趣味などは，本当に女と男で違うのでしょうか。よーく考えてみると，女の子の中にもやさしい子も意地悪な子もいるし，男の子の中にもやさしい子も意地悪な子もいます。女の子の中にも数学が得意な子や料理をする子もいるし，男の子の中にも数学が得意な子や料理をする子もいます。うーん，困った。困るはずですよね。だって何がどうだったら違うといえるのか，みなさんにはわかりますか。

　そこで，「違う」っていうのはどういうことか，「数学ができる」という特徴を取り上げて，ちょっと考えてみましょう。まず，次の図3を見てください。

　このグラフの横軸はどのくらい数学ができるか，つまり数学の能力がどのくらい高いかということを表します。右の端が「数学の能力がものすごく高い」，左の端が「数学の能力がものすごく低い」です。縦軸は

1章　「女と男って何か」から始めてみよう

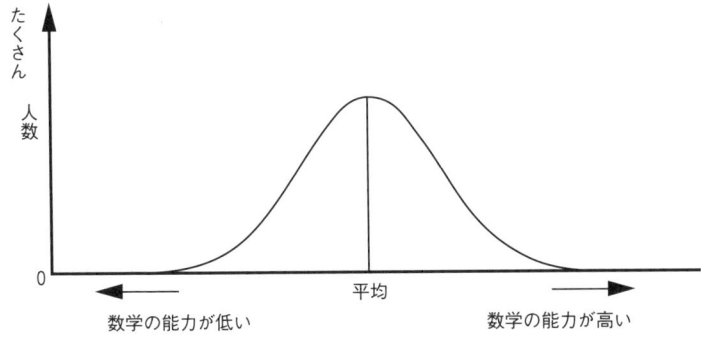

図3　「数学ができる」をグラフにすると

人数だと思ってください。上にいくほど人数が多くなります。グラフのちょうど真ん中に書いてある縦の線は，数学の能力がちょうど真ん中，つまり平均のところです。平均のところはたくさんの人がいて，右端や左端に近づくほど人が少なくなります。平均的な数学の能力の人が多くて，ものすごく数学の能力の高い人は少なく，ものすごく数学の能力の低い人も少ないということです。

このグラフをもとにして，「違う」ということを考えてみましょう。この本を読んでいるある高校生Qさんが「男の子のほうが数学ができる」と思っていたとします。このQさんの意見「女の子より男の子のほうが数学の能力が高い」というのを，図4を使いながら考えてみましょう。

さて，図4の①は2つのグラフが離れていますね。これは男の子のほとんどが，ほとんどの女の子よりも

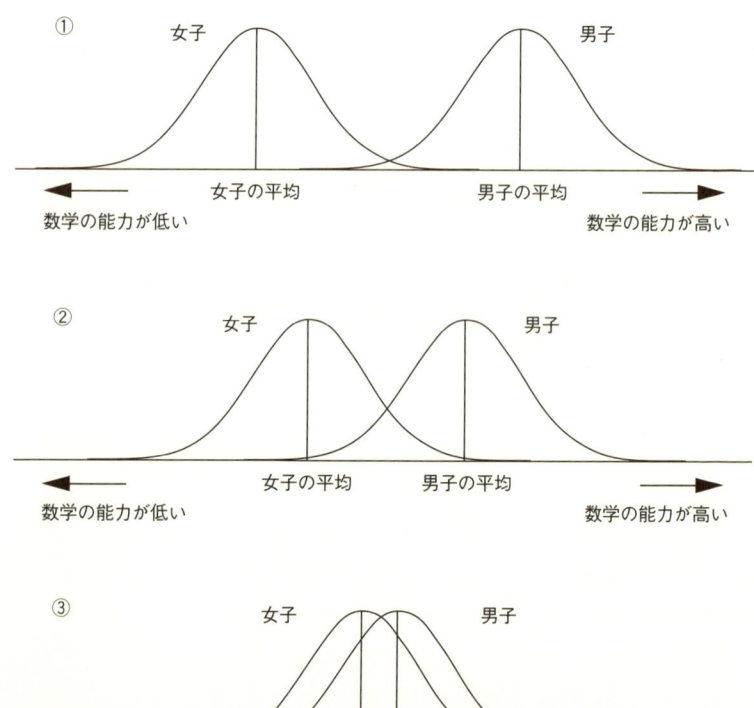

図4 「女子より男子のほうが数学の能力が高い」をグラフにすると？

数学の能力が高いということです。図4の②は2つのグラフが少し重なっていて，平均値で考えると女の子より男の子のほうが数学の能力が高いけど，男の子よりも数学の能力が高い女の子もいるということを表します。図4の③は，2つのグラフがたくさん重なって

いますね。ってことは、平均値での女子と男子の違いもそれほど大きくないってことです。さあ、「女の子より男の子のほうが数学ができる」というQさんの意見は、図にすると①〜③のどれにあてはまると思いますか。

◆——もしかして女の中，男の中の違いのほうが大きいかな

　数学の能力やそのほかの知的な能力に、女性と男性で違いがあるかどうか、違いがあるとしたらどのくらい大きい違いなのかということが、心理学ではこれまでよく研究されてきました。そして、それらの研究でわかったことは、女性と男性の知的な能力の違いというのは**本当に**あるとしても、図4の③に表されているくらいの小さな違いだということです。たとえば、言語能力においては女性のほうが男性より優れているという研究結果もありますが、これも**本当に**違うとしても、図5くらいの違いです。

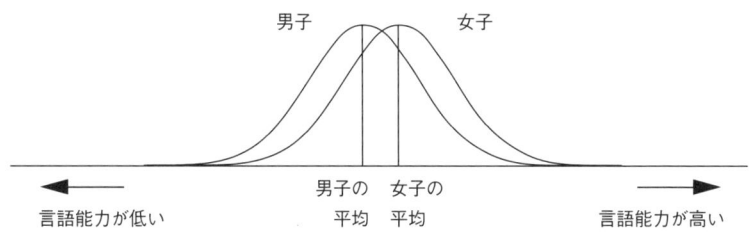

図5　もし、「本当に」言語能力が違うにしても……

なんだか、あんまりたいした違いじゃないような気

がしませんか。もし，図4の①くらい違っていれば「女より男のほうが数学ができる」とはっきり言えるのですが，図4の③だと，「女より男のほうがほんのちょっと数学ができるのかなあ。でも，あんまりはっきりしないなあ。そんなに変わらないのかもしれないなあ」って感じですよね。

そして，もう1つ，図4の③や図5からわかることは，女子と男子の違いよりも，女子の中での違いや男子の中での違いのほうが大きいということです。そう，女の子の中にも男の子の中にも，すっごく数学の能力の高い人からそんなに数学の能力の高くない人，すっごく言語能力が高い人からあまり言語能力の高くない人までいろいろな人がいるのです。

◆——でも，女と男はぜんぜん違うじゃん
　——「本当に」違う？

さて，ここまで読んで「なんで"本当に"ってところが太い字になっているんだろう？」って思いませんでしたか。そう，今まで私は「本当に違うなら」という表現を使ってきました。なぜ「本当に」ってところが太い字になっているのか，不思議に思った人もいるでしょう。

みなさんは身長を測るとき何を使いますか。そう，身長計ですね。そして，身長計が正確にできていれば，みなさんの身長はどの身長計を使ってもほとんど同じ数字で出てくるはずです。では，数学の能力や言語的

な能力，あるいはリーダーシップがあるとか，やさしい性格とかなんてのはどうやって調べればいいのでしょうか。じつは，心理学者も，こうしたものを調べる道具をこれまでいろいろと作ってきました。でも，身長のようにたった1種類の道具できちんと計れるというようなものは，今のところ作られていないのです。

　測定道具の中のある1つを使うと，女性のほうが言語能力が高いという結果になるし，別の道具で測定すると女性と男性の違いはないという結果になったりするのです。つまり，数学の能力や言語能力で，女性と男性が本当に違うかどうかは，はっきりといえないというのが本当のところなのです。そもそもどういうことをすれば，数学の能力が高いといえるのか，あるいは言語能力が高いといえるのか，ってことさえもきちんとわかっていないのです。

　そうそう，身長といえば，じつは，図4の②は2000年の17歳の男女の身長を参考にして描いたグラフだったのです。平均身長は，女子で158.1cm，男子で170.8cm。男子の3分の2くらいの人は，ほとんどの女子よりも背が高いようです。でも，よく見ると，身長もやっぱり女子の中での違いや男子の中での違いがけっこうありますね。

◆──違うように見えるだけかも
　　──ものをグループに分けると……
　さて，ここでちょっとおもしろい心のしくみを紹介

しましょう。人間はいろいろなものに興味をもちます。みなさんの中にもキャラクターのカードや小さな人形を集めたり、いろいろな国の切手を集めたりしている人もいるでしょう。

ものをたくさん集めると、きちんと整理したくなりますね。きちんと整理するためには、あるきまりに従って分けていくと便利です。いろいろな学者も、自分の集めたものをあるきまりに従って分けていきます。たとえば、みなさんがクモをたくさん集めているとしましょう。きっとみなさんは図鑑を見ながら、たくさんのクモをジグモ、オニグモ、アシダカグモ……、とグループに分けていくでしょう。こうしてグループに分けると、グループとグループの違いが目についていくようになります。たとえば、オニグモとアシダカグモでは、脚の長さも違うし、模様も違っているようです。クモに興味のない人にとっては同じクモなのに、集めている人にとっては、オニグモとアシダカグモは、もはや同じものとは思えなくなってしまいます。

クモはクモでも、いろいろだよ

◆——グループが違うと実際よりもかなり違って見えるらしい

ここで、ものをグループに分けることによってどんなことが起こるのかを調べた心理学の実験を紹介しま

1章　「女と男って何か」から始めてみよう

しょう。実験を行ったのはイギリスの心理学者タジフェル博士たちです。[★3]

　タジフェル博士たちの行った実験は，図6のように長さの異なる8本の線を1本ずつ実験に参加した人に見せ，全部見せ終わった後，その線の長さを1本ずつ判断してもらうというものでした。そして，タジフェル博士は，この8本の線を見せるときに2つの条件をつくったのです。短いほうから4本をAグループ，長いほうから4本をBグループと名づけて見せる条件，そしてグループ名をつけずに見せる条件です。

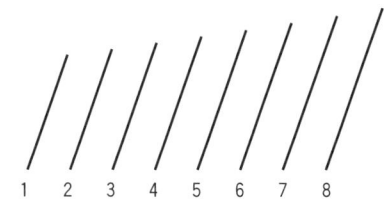

実際の線の長さ (cm) 16.2 17.0 17.9 18.8 19.7 20.7 21.7 22.8

図6　実験で使われた線の長さ

　図7はその結果の一部です。図7の左はABというグループ名のある条件の実験に参加した人たちの判断した線の長さ，右はグループ名なしの条件の実験に参加した人たちの判断した線の長さを表したものです。ここで注目してほしいのは，4番めの線と5番めの線の長さの違いです。図7の左のほうが，4番めと5番めの線の長さの違いが大きいことがわかりますか。

　その隣り合った線の長さの違いがよくわかるように

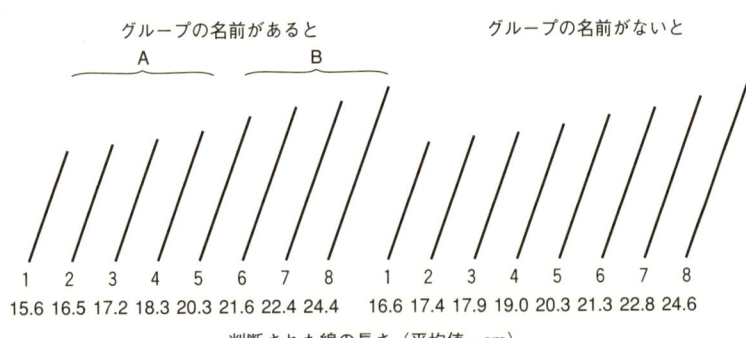

判断された線の長さ（平均値・cm）

図7　実験に参加した人たちが判断した線の長さ（実験結果の一部）

　　描いたのが図8のグラフです。実験参加者の見た線の本当の長さは、4本めは18.8cm、5本めは19.7cmなので、0.9cm違います。Aグループ、Bグループと名前をつけられて線を見た人たちの答を平均すると、4本めは18.3cm、5本めは20.3cmとなり、判断された4本めと5本めの違いは、2.0cmとなります。そして、判断された線の違い2.0cmは、実際の違い0.9cmよりも、1.1cmも大きいことがわかります。そして、1.1cmは0.9cmの何倍かというと、1.1cm÷0.9cm=1.22　つまり、グループ名のついた線を見た人たちが判断した線の長さを4本めと5本めで比べると、実際の4本めと5本めの違いよりも122％も長かったことがわかります。このような計算を1本めと2本め、2本めと3本め、……、というようにして描いたの

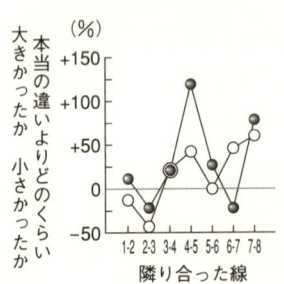

図8　隣り合った線はどのくらい違うんだろうか

が図8のグラフなのです。

　単なる線の長さなのに，グループに分かれてしまうと，それだけで私たちの判断に影響があるようですね。そして，この実験から，同じようなものなのにグループに分かれてしまうと，グループの間の違いが，実際よりも大きく見られるみたいだってことがわかりますね。

◆——日本人とスウェーデン人の身長も

　タジフェル博士の実験では，グループの名前にABというのが使われていました。もし，これがAやBという名前ではなく，「日本人」「スウェーデン人」という名前だったらどうなるでしょうか。心理学者の久保田健市さんの描かれた図をお借りしましょう[★4]。たぶん，日本とスウェーデンでは，実際にもスウェーデンのほうが身長が高い人が多いでしょうね。それを絵にすると図9の左のようになるとします。でも，先ほどのタジフェル博士たちの実験を参考にするならば，このような現実の違いを，私たちは，図9右のように考えているのかもしれません。

　図9の日本人とスウェーデン人というのを，女性と男性におきかえても同じようなことが起こるのかもしれませんね。そして，同じようなことは身長だけでなく，いろいろな能力や性格などの人間の特徴についても考えられるでしょう。人間をグループに分けたとたん，グループどうしの違いが，実際の違いよりも大き

日：日本人
ス：スウェーデン人

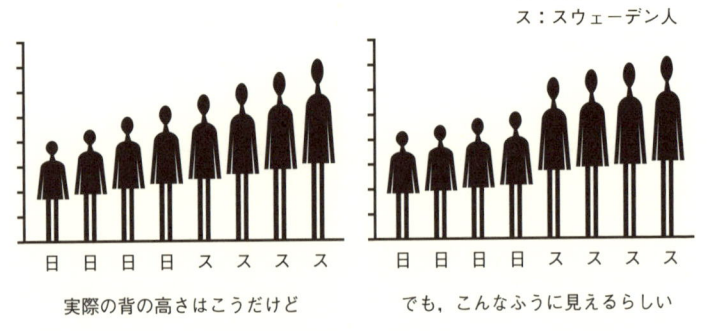

実際の背の高さはこうだけど　　でも，こんなふうに見えるらしい

図9　スウェーデン人と日本人の身長は……

く見えるみたい。14ページの「女と男で違っているところ，同じところ」の質問の答を書いたときに，違うところはたくさん思いついたけど，同じところはあまり思いつかなかった人，もしかしたら，違って見えるのは，女と男という2つのグループに分けてしまったせいかもしれませんよ。

◆——中高生のつぶやき

「う〜ん，言っていることはなんとなくわかるんだけどさ，でもやっぱり女と男って違うよなあ。だって，男は赤ちゃん産まないし，女はヒゲはえないし」

「そうそう，赤ちゃんを産んで育てるのはやっぱり女の人だよ」

「それにさ，私のお母さんは仕事してないけど，お父さんは"残業，残業"って仕事ばっかりしているよ」

「そう，オレなんか，"お前は長男だから家を継げ"

っていつも言われる。お姉ちゃんがいるのにさ」

「ぼくの高校じゃ，2年生で理系のクラスと文系のクラスに分かれるけど，理系は男子ばかりで，女子はほとんどが文系だよ」

「私は，"女の子だから浪人しちゃダメ"って言われてるよ。なんでだろう」

「そうそう，アタシなんか門限が7時だよ！ 弟なんか10時ごろ帰ってきても何も言われないし。文句言ったら"女と男は違う"だってさ」

「でもさ，オレなんか，男だからっていうだけで，文化祭の実行委員長させられたぜ。ああいうの嫌いなのに」

「あ，でも最近は女の子の生徒会長も増えてきたよ。私の友だちの通っている高校では，生徒会役員はみんな女の子だってさ。最近の男は弱くなったよねえ」

「そういや，テレビでこの前，女の子がガクラン着て応援団やってたよ」

「え～っ，チアガールじゃなくて？」

「チアガールっていいよなあ」

「男がチアガールやったら，きしょい（気持ち悪い）よなあ」

「でも，宝塚の男役ってかっこいいよね。女の人が男っぽいのはかっこいいよね。でも，男が女っぽいのはねえ……」

「あ，男と女の違い，また1つ発見。男は自分のこと"オレ"とか"ぼく"って言うけど，女は"わたし"

とか"アタシ"って言う」

「本当だ。こうやって考えてみると，やっぱり男と女って違うところいっぱいあるじゃん。さあ，森永先生，どうする？ ぼくたちこんなに男と女の違いを発見したぞ！」

◆——では，ここで「セックス」と「ジェンダー」の話をしよう

う〜ん，なるほど，なるほど。中高生のみなさんのつぶやきを聞いていると，「たしかに，私もそう思う」ってことがあります。そうなのです。じつは，この本を書いている私も「なんだかんだと言っても，やっぱり女と男は違う」と思っているひとりです。「え〜っ，女と男は違うと思うのは，おかしいってことを言いたいんじゃないのかよ！ そのために，この本を書いてるんだろう？」とみなさんから言われそうですが，でも，みなさんのまわりにいる女性と男性，言っていることや，やっていること，かなり違うことが多いですよね。そう，女と男って，やっぱりどこかが違うのです。で，これからこのことについて考えてみましょう。

そこで，まず，**セックスとジェンダー**について説明しましょう。心理学では，身体の性別のことをセックス，セックスに基づいてまわりから期待されているような性格や役割などのうえでの性別のことをジェンダーと区別します。セックスっていうと「ひゃあー，Hのこと？」と心で叫んでいる人もいるかもしれませんね。そんな人は，英語の辞書を引いてみてください。

1章 「女と男って何か」から始めてみよう

つづりはsexです。辞書には,「性,性別,男女の別」というような意味が最初にのっていると思います。そう,セックスは単なる性別の意味でも使われるのです。

ジェンダーという言葉は,最近よく使われるようになったので,聞いたことのある人もいるかもしれませんね。ジェンダーとは,身体の性別に基づいて社会によってつくられた性別のことです。「社会がつくった性別？　何それ？　社会科？　地理や歴史が,女の子におっぱいをつけて,男の子におちんちんをつけたの？」。うーん,むずかしい質問ですね。社会というのは,みなさんを取りまくものと言ってもいいでしょう。みなさんのまわりのいろんな人たちの存在やその人たちの考え,そして,学校やテレビ,病院や子ども会など人間が集まってつくったグループやそのグループのルールなどのことです。こうしたものが,ジェンダーをつくってきたのです。と言っても,まだむずかしいかあ。

◆──言葉づかいからセックスとジェンダーを考えてみよう

たとえば,次の2つのセリフ,だれがしゃべっているか想像してみてください。

A　「ねえ,あなたねぇ,……」
B　「おーい,おまえなぁ,……」

この2つのセリフ,もし,性別をあてはめるとした

ら，みなさんの多くは，Aのほうを女性のセリフ，Bを男性のセリフと思うでしょう。どうしてでしょうか。ここで，セックスとジェンダーの関係を考えてみましょう。

　セックスは身体上の性別です。メス／オスと言い換えてもいいでしょう。メスやオスはふつう人間には使いませんので，ここでは「身体が女」とか「身体の性別」というような言葉を使うことにしましょう。私たちは，ある人の身体が女だとわかると，その人に女らしさを期待します。また，身体が女である本人も女らしくあろうとします。言葉づかいもそうでしょう。女の子には女の子らしい言葉を使ってほしいとまわりの人は思うし，女の子はまわりの女の人が使っている言葉を聞いたり読んだりして，女の人が使う言葉を身につけていきます。男の子も同じですね。つまり，言葉づかいの違いは「（身体が）女の人はこういう言葉づかいをするもの，（身体が）男の人はこういう言葉づかいをするもの」というように，身体の性別に基づいて，それぞれの性別にふさわしいと人々が考えたものによるところが大きいのです。

　だから，もし今の日本で多くの女の人が「おーい，おまえなぁ」と言い，多くの男の人が「ねえ，あなたねぇ」という言葉を使っていれば，今ごろ，女の子のみなさんは「おい」と友だちに呼びかけ，男の子のみなさんは，「ねえ，ねえ」と友だちに呼びかけていることでしょう。女性はこんな言葉づかいをする，男性

はこんな言葉づかいをする,という性による区別,それが社会によってつくられた性別(ジェンダー)なのです。女の子が自分のことを「わたし」「アタシ」,男の子が自分のことを「オレ」「ぼく」とよんだりするのも,社会によってつくられたものです。

女の子と男の子の違いというのは,遺伝子やホルモンなどの身体的な違いと,社会的なものの違いの両方が,いろいろと組み合わさったものなのです。そして,この社会的なものというのは,私たちが思っている以上に大きな力をもっています。残念ながら,英語の辞書にのっている gender にはそんな意味が書いてありませんが,でも,今からこのジェンダーについていっしょに考えてみましょう。

◆──赤ちゃんのお誕生祝いのリボンは何色？

「言葉づかいの話はわかったけど,でも,女と男の違いは社会がつくったと言われたってぇ,何がなんだかわかりゃしないよ」という声が聞こえてきます。そう,社会がつくった性別なんてわかりにくいですね。じゃあ,ここでちょっと想像力をはたらかせて考えてください。

質問3　みなさんの親せきのお姉さんに女の子の赤ちゃんが生まれたとしましょう。赤ちゃんは「エリカちゃん」という名前になりました。あなたは,エリカちゃんに何かお祝いのプレゼントをあげよ

うと思います。プレゼントを買いにデパートに行ったあなたは、レジのところで、デパートの店員さんに「何色のリボンにしますか。ピンクと青と黄色がありますけど」と聞かれました。さて、あなたは何色のリボンにしますか。

リボンは何色？

　この本をここまで読んできたあなたなら、「"女の子はピンク"って答えると、またなんだかんだと言われるから、青にしてやろう」と思ったかもしれませんね。でも、たぶん、この本を読んでないと「女の子だからピンクにしよう」と思う人が多いのではないかと思います。赤ちゃんが男の子だったら青、赤ちゃんの性別を聞くのを忘れたときには黄色って感じで。

　質問4　さて、みなさんは3か月になったエリカちゃんと対面です。エリカちゃんのお母さんが「ちょっと、エリカちゃんと遊んでいてね」と言っていなくなってしまいました。エリカちゃんのすぐそばには、お人形、おしゃぶり、アメフトのゴムボールが置いてあります。さて、あなたはエリカちゃんとどのおもちゃを選んで遊びますか。

1章 「女と男って何か」から始めてみよう

どのおもちゃがいいと思う？

◆——女の子のおもちゃ，男の子のおもちゃ

ここで，ジェンダーについて研究している心理学者のシーベイたちの行った心理学の実験を紹介しましょう★5。これは，ある1人の3か月の赤ちゃんを，ある人たちには女の子，別の人たちには男の子だと紹介し，その人たちの赤ちゃんに対する接し方がどのように違うかを調べたものです。

実験に参加した人たち（大学院生）は，赤ちゃんのことを女の子あるいは男の子と紹介された後，その赤ちゃんと3分間遊びました。そのとき，おもちゃとして，人形，アメフトのゴムボール，プラスチックのおしゃぶりの3つが用意されていました。3分の間に，大学院生がどのおもちゃを使って赤ちゃんと遊ぶかを観察したところ，赤ちゃんを女の子だと紹介された人たちは人形を使って遊ぶことが多く，男の子だと紹介された人たちはおしゃぶりを使うことが多かったそう

です。

　なお，この実験をした心理学者は，人形を女の子向けのおもちゃ，ボールを男の子向けのおもちゃ，おしゃぶりを女の子と男の子の両方向けのおもちゃだと考えました。

　この実験から何がいえるでしょう。女の子だといわれた赤ちゃんも男の子だといわれた赤ちゃんも，同じ赤ちゃんでした。しかし，同じ赤ちゃんでも女の子だと思ったときと男の子だと思ったときで，大人は赤ちゃんに対する接し方を変えるようです。女の子だと思ったときには女の子用のおもちゃを選びました。男の子だと思ったときにはおしゃぶりが選ばれましたが，これは，いくら男の子でも3か月の赤ちゃんはボールでは遊べないから，おしゃぶりを選んだのでしょう。

◆――女の子はこわがり，男の子は怒る？

　もう一度，赤ちゃんに登場してもらいましょう！今度の赤ちゃんは，ビデオで登場です。[★6]このビデオには，赤ちゃんがびっくり箱をあけて，その後泣き始めた，というところが映っています。このビデオを大学生に見てもらって，どうして泣いているのかを考えてもらいました。さっきの実験と同じように，ビデオを見る前に，ある人たちにはビデオの赤ちゃんは女の子だと伝え，別のある人たちには男の子だと伝えておきます。

　ビデオを見た人の中で，女の子だと言われた人たち

は「赤ちゃんは"こわがって"泣いている」と答え，男の子だと言われた人たちは「赤ちゃんは"怒って"泣いている」と答えることが多かったそうです。

さっきと同じように，ビデオに映っている赤ちゃんは，女の子と言われようと男の子と言われようと同じ赤ちゃんです。でも，見る人がその赤ちゃんを女の子だと思うか，男の子だと思うかで，赤ちゃんの泣いている理由が変わってしまうのです。もちろん，こういう実験に参加した人が，赤ちゃんの性別に合わせてわざと言い方を変えたということではありません。実験に参加した人も気づかないうちに，こういう答え方をしてしまったのです。

泣いているのはなぜ？

◆──社会によってつくられた性別──ここで，まとめ

社会によってつくられた性別，という意味がなんとなくぼんやりと見えてきたでしょうか。そう，赤ちゃんのまわりの大人は，赤ちゃんの身体的な性別によって，赤ちゃんに対する見方や扱い方を変えてしまうことが多いのです。

人形が大好きな女の子は，それは身体が女であるせい，つまり女性ホルモンか何かのせいで，生まれつき人形が好きなのでしょうか。それとも，小さいころにお人形をもらったせいなのでしょうか。サッカーが大

好きな男の子は，身体が男であるせい，つまり男性ホルモンか何かのせいなのでしょうか。それとも小さいころにサッカーボールをもらったせいなのでしょうか。

　もし，生まれたときから，ピンクのリボンをもらい，人形を与えられ，泣いていると「ああ，こわかったのね」となぐさめられていたら……。もし，生まれたときから青いリボンをもらい，サッカーボールを与えられ，泣いていると「何を怒っているんだ」と聞かれたら……。もし，身体の性別が男でも，ピンクのリボンやお人形をもらっていたら……。もし，身体の性別が女でも，青いリボンやサッカーボールをもらっていたら……。

　どう思いますか。う〜〜ん，むずかしいですね。じつは，人形で遊ぶ女の子が多いのは，身体が女のせいなのか，それとも小さいころにお人形をもらったせいなのか，どちらなのか本当のところはよくわかっていません。でも，子どもの身体の性別によって，まわりにいる人たちの扱い方が変わるだろうってことは，想像できますよね。そして，こういう扱い方の違いが毎日毎日，何年も何年も続いたら……。

　生まれつきの性別に基づいて社会によってつくられた性別，これがジェンダーなのです。さっきも言ったように，お人形好きの女の子がなぜ人形好きなのか，もしかしたら遺伝子だとかホルモンだとか，つまりセックスのせいかもしれません。でも，もしかしたら社

会がつくったジェンダーによるものなのかもしれません。彼女が女らしくて彼が男らしいのは，どこまでがセックスのせいか，どこからがジェンダーのせいかはっきりと区別はできないのですが，でも，ジェンダーってけっこう大きな部分を占めているような気がしませんか。これから，このジェンダーについてもっと考えていきましょう。

2章

ここが本番　ジェンダーの話

◆——まず，ジェンダー・ステレオタイプのお話から

　先に紹介した赤ちゃんの実験には大学生や大学院生が参加していましたが，みなさんが赤ちゃんと遊ぶ役やビデオに映った赤ちゃんを見る役になったらどうなるでしょうか。みなさんも赤ちゃんに対する見方や接し方が変わるでしょうか。

　私は，おそらく，みなさんの多くも大学生や大学院生と同じようになると思います。というのは，じつは，大学生も高校生も中学生も，そして大人も，「女の子は〇〇だ」「男の子は△△だ」というような考えを，同じようにもっているはずだからです。このような「女の子は〇〇だ」「男の子は△△だ」というような考えを，**ジェンダー・ステレオタイプ**と言います。ジェンダーという言葉はもう説明しましたが，ステレオタイプという言葉は聞いたことがありますか。

　人間は，人種，性別，年齢，職業，外見などによっ

て，いろいろなグループに分けることができます。どこに住んでいるか，どの中学に通っているか，男か女か，背が高いかどうか，などなど。みなさんを分ける方法はたくさんあります。ふだんあまり意識することはないけれど，あなたは1人で「日本人」で「XY市」に住んでいる「ABC中学」の「2年生」の「男の子」で，「空手部」に入っていて「身長は高い」ほうで……，というように，たくさんのグループに分けられるのです。「　」の中は全部，人間のグループです。

　そして，私たちはこういう人間のいろいろなグループに，いろいろな特徴を結びつけています。たとえば，「日本人は勤勉だ」「ABC中学校の生徒はまじめだ」「空手部の子は礼儀正しい」といったものです。「日本人は勤勉だ」というのを日本人についてのステレオタイプとよびます。日本人についてのステレオタイプには他にどんなものがあるでしょうか。「協調性があ

る」「まじめ」「お金持ち」などをよく聞きますね。また，「ABC中学の生徒はまじめだ」というのをABC中学の生徒についてのステレオタイプとよびます。みなさんの通っている学校についてのステレオタイプも，きっとあるでしょう。そして，性別にくっつけられたステレオタイプ，「女の子は○○だ」「男は△△だ」というようなものをジェンダー・ステレオタイプとよびます。ジェンダー・ステレオタイプは，「女は弱い」「男は強い」「女はやさしい」「男はたくましい」というような性格に関する内容のものもありますし，能力や役割に関するものもあります。

少し古いのですが，表1はアメリカの心理学者のウィリアムズ博士とベスト博士が，いろいろな国の人に，女性と男性にあてはまる形容詞を選んでもらった結果をまとめたものです[7]。

表1　女らしさ，男らしさってこういうことかな

女性にあてはまるとされた形容詞		男性にあてはまるとされた形容詞	
多感な	人を引きつける	冒険好きな	精力的な
従順な	人に頼っている	支配的な	厳格な
迷信深い	感情的な	独立した	活動的な
愛情のある	怖がり	雄々しい	勇気のある
夢のような	思いやりのある	強い	進歩的な
か弱い	弱い	力強い	無礼な
感じやすい		攻撃的な	きびしい
		独裁的な	感情的でない
		大胆不敵な	賢い
		冒険的な	

2章　ここが本番　ジェンダーの話

　この表1の内容は,「女らしさ」「男らしさ」と言い換えてもいいでしょう。「女らしい女の人」「男らしい男の人」というのは, こんな特徴をもった人のことをいうのでしょうね。もちろん, この表の内容は, たくさんの人の答をまとめたものなので, みなさんが思っている「女らしさ」や「男らしさ」とは, ちょっと違うところがあるかもしれません。また, この表に書いてあること以外にもたくさん「女らしい特徴」「男らしい特徴」はあります。文系の科目や料理は女性が得意なもので, 理系の科目や車の運転は男性が得意。お茶を出したりごはんを作ったりするのは女性の役割, 重い荷物を運ぶのは男性の役割, などのように, 女性と男性にはいろいろなステレオタイプがあるのです。14ページの「女と男で違っているところ」にみなさんが書いた内容の中には, このジェンダー・ステレオタイプがきっとたくさん入っているんじゃないかな。

◆——だれでもステレオタイプをもっている

　ジェンダー・ステレオタイプに限らず, いろいろなステレオタイプを人はだれでももっているものと思ってください。そう, あなたももっています。次の質問に答えてみてください。

質問5　下の言葉の続きを書いてみましょう。どんな文章になってもOKです。

```
女は, _____。
男は, _____。
ヨーロッパ系の人（白人）は, _____。
アフリカ系の人（黒人）は, _____。
医者は, _____。
プロレスラーは, _____。
```

　たぶん，ほとんどの人が上の言葉の続きを書くことができたでしょう。そして，あなたがそこに書いたものが，あなたのもっているステレオタイプなのです。女性のステレオタイプ，男性のステレオタイプ，これらを合わせてジェンダー・ステレオタイプとよびます。ヨーロッパ系の人のステレオタイプ，アフリカ系の人のステレオタイプなどのような人種に関係するものを，人種のステレオタイプといいます。医者のステレオタイプ，プロレスラーのステレオタイプなどのような職業に関するものを，職業のステレオタイプといいます。他にもいっぱいステレオタイプはあります。こんな感じで，私たちはだれでも，いろんなステレオタイプをたくさんもっているのです。なぜか。それは，このステレオタイプがあるととても楽だからです。

◆──ステレオタイプがあると楽なんだよね

　あなたがだれか知らない人に会ったとしましょう。その人がどんな性格なのか，どんなことをする人なのか，その人をぱっと見ただけでわかったような気にな

2章 ここが本番 ジェンダーの話

ったりしたことはありませんか。一目見ただけで「あ,あの人,やさしそう」とか「あの人,こわそう」とか「あの人は勉強できそうだなあ」とか。

　そう,これがステレオタイプのはたらきなのです。私たちは毎日いろんな人に会います。学校に行っている途中,買い物しているとき,公園で遊んでいるとき,などなど。その人たちの一人ひとりがどんな人かを考えるのってたいへんですよね。だって,ひとりの人間をきちんと理解するためには,その人がいつどんなときに,どんなことを言ったか,どんなことをしたかというのを全部覚えて,しかも何時間も何日も,長い時間をかけてその人を観察して,覚えたものを全部合わせて考えて,結論を出さなければいけないからです。そんなことをしていたら,時間がいくらあっても足りません。

この見知らぬ人はどんな人？

　でも,もしあなたの中に「こんな顔をしている人は□□だ」「眼鏡をかけている人は○○だ」「茶髪の人は△△だ」などというステレオタイプがあったら……。さらに,「XYZ高校の生徒は◇◇だ」「テニスをしている人は××だ」というステレオタイプがあったら……。そうです。楽ですね。その人を見ただけで,そしてその人の高校の名前や趣味を聞いただけで,アッという間に「この人はだいたいこんな人だろうな」っていう想像ができるんですから。こんなふうにステレオ

タイプは,あなたが他の人を理解するのを楽にしてくれるものなのです。そして,ここが問題なんですが,このステレオタイプはあなた自身も気づかないうちに,こっそりと静かにいつのまにかはたらいているのです。

◆──ステレオタイプはどうやってできる
　──まず,家庭のことから

では,こんなステレオタイプはどのようにして,みなさんの中にできたのでしょうか。ついさっき,ステレオタイプはあなた自身も気づかないうちに,いつのまにかはたらいていると言いましたが,じつは,ステレオタイプが頭の中でつくられるときも,「あ,今,私の頭の中で,○○の人についてのイメージがつくられているぞ」みたいに,みなさんが自分で気づくことはほとんどないのです。

さて,ステレオタイプがどうやってできるか,この本では,ジェンダー・ステレオタイプを中心にして考えていきましょう。ジェンダー・ステレオタイプの多くは,みなさんが子どものころから,まわりの人のやっていることや言っていることを,見たり聞いたりしてつくられたのだと考えられています。まわりの人というのは,たとえば,親やきょうだいなどの家族,学校の先生や友だち,マンガ,テレビのドラマやコマーシャルに登場する人々などです。この人たちのしていることや言っていることを見たり聞いたりして,「女

は○○だ」「男は△△だ」というようなステレオタイプがつくられていくのです。

　たとえば、みなさんの家では、お母さんやお父さんはどんなことをしておられますか。生まれてきた赤ちゃんが最初にお手本にするのは、きっとお母さんやお父さんですね。赤ちゃんは大きくなるにつれて、いろいろなことを覚えていきます。家族のやっていることや言っていることも覚えていきます。お母さんがごはんを作って洗濯をしてお買い物をして、お父さんが会社に行って、というのを見て育った子どもは、お母さんはごはんを作り、洗濯をし、買い物をする人で、お父さんは会社に行く人という、お母さんやお父さんの役割を覚えるでしょう。そして、お母さんがお化粧をしたり、テレビを見て泣いたり、お父さんが煙草を吸ったり、食事のとき新聞を読んでいたりするのを見ると、お母さんはお化粧をし、テレビを見て泣いたりする人、お父さんは煙草を吸ったり、ごはんのとき新聞を読んだりする人、というのも覚えるでしょう。

　こうしてお母さんやお父さんのやっていることやしゃべっていることを見たり聞いたりして、だんだんとお母さんとお父さんの性格や特徴などを理解するようになります。お母さんはおしゃべりで、世話好きで、やさしいけど、怒るときはこわいし、泣き虫、お父さんは仕事をがんばっていて、疲れていて、あまり子どものことに関心がなくて、野球が好き。そして、友だちのお母さんやお父さん、それから、テレビのドラマ

や小説に登場する家族を見たりして，どこのお母さんもお父さんもみんな同じようなことをして，同じような特徴をもっていると思うようになるのでしょう。こうして子どもの頭の中にお母さんやお父さんのステレオタイプができるのだと思います。

　そして，このお母さんのステレオタイプ，お父さんのステレオタイプは，「女は人の世話をする」「女は子どもが好き」「女はやさしい」「女は男に従う」とか，「男は外で働く」「男は強い」「男は頼りになる」「男は家事ができない」とかいうように，女性のステレオタイプ，男性のステレオタイプになっていくのだろうと考えられます。

　それから，お母さんやお父さんから直接何か言われることもあるでしょう。「女の子だからかわいいのが一番」「男なんだから人前でぐずぐず言うな」みたいなことです。そんな言葉も「女の子はかわいい」「男は文句を言わない」というようなジェンダー・ステレオタイプをつくっていくのでしょう。

　こんな感じで，みなさんは小さいころから，お母さんやお父さんのやっていることや言っていることをお手本にして，ジェンダー・ステレオタイプをもつようになったのだと考えられます。もちろん，お母さんやお父さんだけでなく，お姉ちゃんやお兄ちゃん，おばあちゃんやおじいちゃんなどからも同じような影響を受けていると思います。そして，みなさんは身につけたジェンダー・ステレオタイプをもとにして，今度は

2章 ここが本番 ジェンダーの話

自分でそれにあてはまることをいろいろとやったり言ったりするようになるのです。もちろん，あなたも気づかないうちに……ね。

さて，今までお母さんお父さんの話をしてきましたが，あなたの中にジェンダー・ステレオタイプをつくるのは，この人たちだけではありません……。

◆——マンガの影響って強いような気がする

　ジェンダー・ステレオタイプをつくるものには，家族以外にいろいろなものがありますが，その中から，みなさんの身近にあるマンガについて考えてみましょう。

　私は，子どものころ漫画家になりたいと思っていたくらいマンガが好きでした。でも，最近はテレビばかりであんまりマンガを見ていません。そこで，この本を書くために知り合いの本屋さんに，中学生や高校生に人気のあるマンガ雑誌を持ってきてくださいと頼みました。

　次のカットは，その中から選んだものです。見覚えのある絵かもしれませんね。私の見たところ，少女マンガの多くは「恋愛」，少年マンガの多くは「戦い」っていうのがテーマのようでした。みなさんはどう思いますか。

　こういうテーマのマンガばかり読んでいたら，女性にとって大切なのは恋愛，男性にとって大切なのは戦うこと，みたいな考え方ができあがるかもしれません

©河原和音「先生!」
別冊マーガレット,2002年8月号,集英社

©久保帯人「BLEACH」
少年ジャンプ,2002年No.35,集英社

恋する女の子と,戦う男の子

　ね。

　さて,こういうマンガの中に出てくる少女や少年はどんな特徴をもっているでしょうか。みなさんも思い出してみてください。私の見るところでは,少女マンガの中で,恋愛をしている少女は「ちょっとドジ」で「純粋」で「傷つきやすい」。でも,時どき「嫉妬深」かったり「自分では決断できず」悩んでいたり。どうも少女マンガのキーワードは「かわいい」のような気がします。あ,ここでいう「かわいい」ってのは外見のことではなく,性格のことですよ。

　一方,少年マンガの中で,戦いにいどんでいる少年は「夢を追いかける」「正義の味方」で,どんなにケガをしても「タフに」戦い続けます。でも,「孤独」で,何かに「じっと耐えている」ようですね。少年マ

ンガのキーワードは「かっこいい」かな。

　マンガの登場人物のこんな特徴は，女性のステレオタイプ，男性のステレオタイプとなって，みなさんの頭の中にしみこんでいくのだろうと思います。

　マンガだけでなく，みなさんが子どものころ見ていたテレビのアニメや，子どものころ読んだ童話などの登場人物も同じような特徴をもっていませんでしたか。王子様に助けられるお姫さまや，悪者と戦うヒーローたち。こんなアニメや童話などを小さいころからずっと見ていたり読んでいたりしたら，その人の頭の中には，そこで描かれていた女性や男性のステレオタイプが，しっかりと根づいてしまっているようになっているかもしれませんね。

◆──学校でもジェンダー・ステレオタイプがつくられる

　それからアニメやマンガだけでなく，学校の中でもジェンダー・ステレオタイプはみなさんに伝わっています。女の先生のやることや言うこと，男の先生のやることや言うことを見たり聞いたりして，ステレオタイプがつくられるというのは，お母さんとお父さんの話と同じです。たとえば，小学校に入ったばかりの１年生は，授業中におしっこに行きたくなったりしますよね。でも，恥ずかしくて言えなくて，教室でおもらししてしまったり。そんなとき，女の先生が「今度からトイレに行きたいときには早く教えてね」と小さな声で言い，男の先生が「今度から早く言うんだぞ」と

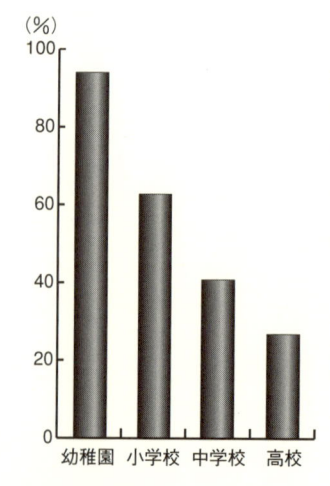

図10 幼稚園から高校までの女性の先生の割合（2002年5月のデータ、文部科学省HPより）

ちょっと大きな声で言ったりすると，女の先生はやさしい，男の先生はきびしいみたいな，女の先生，男の先生のステレオタイプができて，それが，女性のステレオタイプ，男性のステレオタイプになっていくという道すじが考えられます。

ところで，図10を見てください。これは，全国の幼稚園，小学校，中学校，高校に女性の先生がどのくらいいるかという割合をグラフにしたものです。このグラフを見ると，幼稚園では先生のほとんどが女性で，小学校では女性の先生が半分以上だけど，中学や高校になるとだんだんと女性の先生の数が少なくなるのがわかります。

図11の左のグラフは，小学校の女性の先生の中で，1年生から6年生までの担任をしている人がどのくらいの割合いるかを描いたものです。全部で100%にならないのは，校長先生や教頭先生，保健室の先生のように担任をしてない先生もいるからです。右のグラフは，男性の先生について同じように描いたものです。このグラフから，女性の先生は低学年の担任をしている人が多く，男性の先生は高学年の担任をしている人が多いということがわかります。

そして，中学や高校では，先生の性別によって担当教科が違うようです。図12の左のグラフは，中学校で女性の先生がどんな教科を担当しているかという割合

2章 ここが本番 ジェンダーの話

女性の先生は何年生の担任が多い？

男性の先生は何年生の担任が多い？

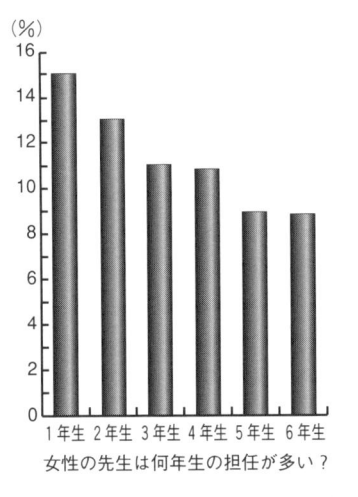

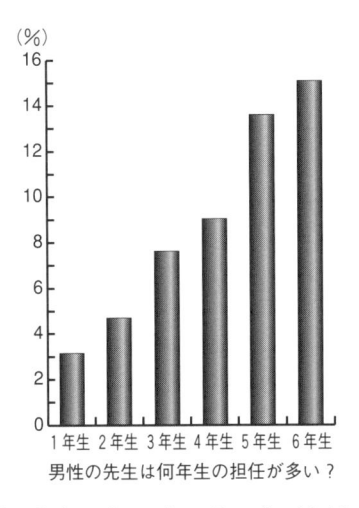

図11 小学生の担任は女性の先生？ 男性の先生？（1997年10月のデータ）★8

女性の先生は何の教科が多い？

男性の先生は何の教科が多い？

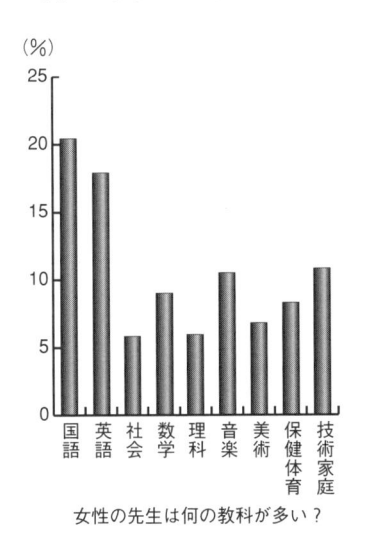

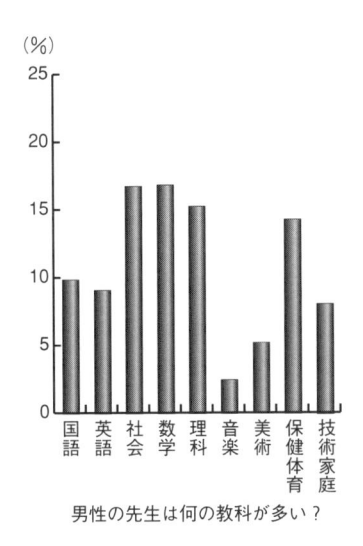

図12 中学校の女性の先生・男性の先生の担当教科（1997年10月のデータ）★8

(%) | (%)

女性の先生は何の教科が多い？ 　　　　男性の先生は何の教科が多い？

図13　高校の女性の先生・男性の先生の担当教科（1997年10月のデータ）★8

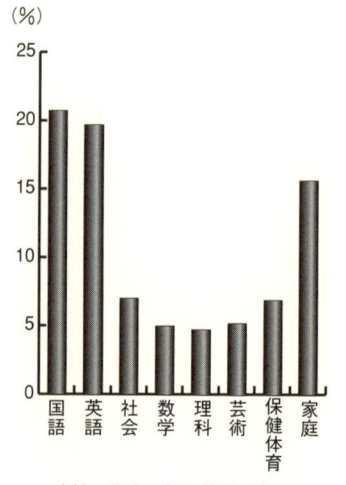

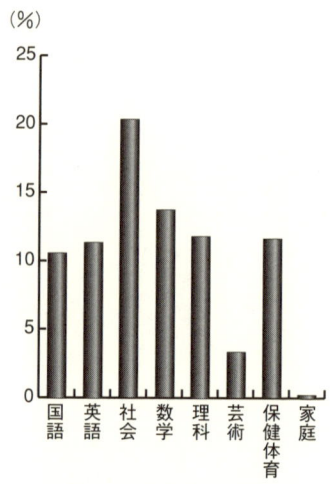

　　　　　　　を示したもので、右は男性の先生の割合です。図13は
　　　　　　　高校の女性の先生、男性の先生について同じように描
　　　　　　　いたものです。中学校も高校も、女性の先生は国語や
　　　　　　　英語の担当が多いですね。でも、女性で数学や理科そ
　　　　　　　して社会を担当している先生は少ないことがわかりま
　　　　　　　す。男性の先生は、中学でも高校でも、社会、数学、
　　　　　　　理科、保健体育を担当している人が多いのですが、高
　　　　　　　校になると国語や英語を担当している割合も高くなり
　　　　　　　ます。
　　　　　　　　みなさんの中には、幼稚園や保育園では女の先生が
　　　　　　　いっぱい、小学校では男の先生が少し増えて、中学か
　　　　　　　ら高校へと、上の学校に進めば進むほど男の先生がど

んどん多くなる，それから，中学や高校では，女の先生は文系の科目を担当しているということを体験してきた人たちが多いでしょう。そんな人たちの頭の中には，自分でも知らないうちに，「女の先生は小さい子どもの世話をするのがうまい」「男の先生は勉強や進学の面倒をみる」「女の先生は文系」「男の先生は理系」というステレオタイプができあがっているかもしれませんね。そして，先生についてのステレオタイプが，「女性はやさしい」「女性は文系」「女性は理系が苦手」「男性は論理的」「男性は理系」「男性はしっかりしている」というような女性や男性のステレオタイプになっていくのだと考えられます。

◆——ステレオタイプはどうやってできる——ここまでのまとめ
　みなさんにジェンダー・ステレオタイプを伝えるものとして，家庭，マンガ，学校のことを取り上げてきました。でも，私たちのまわりには，ジェンダー・ステレオタイプに関連するものがまだまだたくさんあります。たとえば，テレビのドラマやコマーシャル，雑誌や新聞の写真や記事などです。
　その1つ，洗濯用洗剤のコマーシャル。最近では男性が洗濯をしているコマーシャルもありますが，お母さん風の女性が洗濯をしているものが多いですね。「洗濯をするのは女性」という女性の役割についてのステレオタイプをもとにコマーシャルが作られているようですが，これを見て育った子どもは，たとえ，そ

の子どもの家ではお父さんが洗濯をしていても,「洗濯をするのは,本当は,女性の仕事。うちは例外」というような考えができるかもしれません。もちろん,「洗濯はお母さんがしてもお父さんがしてもかまわない」という考えができるかもしれませんが。

　そんなことを頭に入れて,もう1度,テレビや雑誌をよく見てみましょう。いろんなところで,ジェンダー・ステレオタイプが顔をのぞかせています。ひょっとすると,夏休みの自由研究にしてみるのもおもしろいかも。

　さて,次に,ジェンダー・ステレオタイプが,私たちにどんな影響を与えているのかを見ていくことにしましょう。

◆――楽ならいいじゃん……?

　楽に外国語がマスターできるなら,楽してテストでいい点がとれるなら,楽に金もうけできるなら,めっちゃラッキー。そんな方法があったら,私もぜひ知りたいくらいです。あんまり努力せずにいろいろなことができるようになるなら,これほどいいことはありませんよね。前にステレオタイプがあると他の人を理解するのが楽になると言いました。では,楽して他人が理解できるなら,それはいいことなのでしょうか。

　ここで,ちょっと考えてみてください。あなたのクラスには何人の女子がいますか。その女子はみんな同じですか。あなたのクラスの男子は,みんな同じです

か。「まさかあ！」。ぜんぜん違いますよね。女子の中にも男子の中にも，元気な子もいればおとなしい子もいるし，運動の得意な子も苦手な子も，背の高い子もそうでない子もいるし，みんなそれぞれ個性豊かです。そして，もしかしたら，女子の花子さんと男子の太郎さんはとてもよく似た性格だけど，男子の太郎さんと男子の次郎さんはまったく正反対の性格ってこともありますよね。

　ジェンダー・ステレオタイプというのは，こういう一人ひとりの違いを無視して，「女の子は○○」「男の子は△△」というように，1つにまとめて他の人を見てしまう見方なのです。つまり，ステレオタイプというのは，そのグループの中の個性を無視した，単純なものの見方なのです。本当は，同じ「女子」のグループに入っている人もそれぞれ個性豊かだし，「男子」のグループに入っている人もいろいろな個性をもっているに……。

　つまり，ステレオタイプに頼って楽して他の人が理解できるってことは，じつは，かなりいいかげんな理解の仕方だってことです。もしかしたら，完全に誤解しているときもあるかもしれません。たとえば，もし，みなさんが，みなさんのことをあまりよく知らない他の人から「あなたは女の子だから，おしゃれが好きでしょう」とか「君は男の子だから，リーダーに向いているよね」なんて決めつけられたら，ちょっとムッときますよね。「他の人といっしょにしないでくれ〜っ。

オレはオレだあ」。

◆——ジェンダー・ステレオタイプは，
　他の人の見方を変えてしまう

　こんないいかげんなステレオタイプがあるとどんなことが起こるのでしょうか。まず，ステレオタイプがあることで，他の人に対する見方が変わってしまうことを説明します。他の人が同じことをしても，みなさんがどんなステレオタイプをもっているかで，相手のやっていることをどう思うかが変わってしまうのです。たとえば，映画を見て泣いている人を想像してください。ほんのちょっと悲しい映画でした。泣いているのは女性だとしたら，あまり何も思わないかもしれません。でも，泣いているのが男性だったら……。もしかしたら「なんだあ，男のクセに」って思ったりしませんか。男の人が泣くってのは，「男は強く，たくましい」というステレオタイプに反することなのです。だから，男性が泣いていると「え？」と思ったりするわけです。でも，女の人には「強く，たくましい」なんてステレオタイプはないし，逆に「女の人は心がやさしい」とか「女性は感情的」というステレオタイプがあるので，悲しい映画を見て泣いている女性を見ても「女らしい」と思うことはあっても，「女のクセに」なんてことは思ったりしないのです。このように，同じこ

女の涙と男の涙

2章 ここが本番 ジェンダーの話

とをしていても，女性がするか男性がするかで，私たちの見方は変わってきます。

◆──心理学者さえも……

　ここで，ジェンダー・ステレオタイプによって，他の人を見る見方が変わってしまうという心理学の実験を1つ紹介しましょう。この実験は，アメリカの心理学者フィデル博士の行ったものです。★9 かなり古い実験ですが，心理学者を相手に心理学者が行ったもので，ステレオタイプから解放されていそうな心理学者も，やっぱりジェンダー・ステレオタイプに影響されているということを示したものです。

　フィデル博士は，まず，ある心理学者を紹介する短い文を作りました。この紹介文には，頭が良いとか，どこの大学を卒業したかとか，また，心理学者としてどのくらい優秀か，というようなことが書いてあります。そして，それを「ジャネット・ロス博士」の紹介文としたり，「ジェームズ・ロス博士」の紹介文とするというように，名前のところだけ変えます。ジャネットは女性の名前，ジェームズは男性の名前です。つまり，同じ紹介文なのに，その人物はあるときには女性，あるときには男性なのです。もちろん，この紹介文にあるようなジャネット・ロス博士もジェームズ・ロス博士も，この世の中には存在しません。こんな仮想人物の紹介文を10種類作ります。

　さて，この10種類の紹介文を，時には女性の名前，

時には男性の名前を使い，アメリカにある228の大学の心理学教室の責任者に，郵便で送ります。そして，この紹介文にあるような心理学者が，大学の先生になるなら，どんな地位がふさわしいかをたずねたのです。

アメリカの大学の先生には「教授」「準教授」「助教授」「研究員」「非常勤講師」という5つの地位があります。一番上の地位は「教授」，その次が「準教授」，その次が「助教授」だと思ってください。なお，日本の大学には準教授という地位はありません。

回答したのは147の大学の心理学者たちでしたが，その人たちの回答をまとめたところ，紹介文の中に男性の名前のついているときに比べて女性の名前がついていると，ふさわしいとされる地位が低くなるという結果になったのです。たとえば，ジェームズ・ロス博士は準教授がふさわしいとされるけど，ジャネット・ロス博士は助教授がふさわしいとされるっていうように。

この実験から何がいえるでしょう。同じ大学を卒業し，同じくらい優秀でも，その人が女性なのか，男性なのかということで，評価が変わるということではないでしょうか。そして，男性のほうが，女性よりも高い評価を受けるのです。「男性のほうがすぐれている」「男性は信頼できる」「女性は頼りない」「女性は感情的」というようなステレオタイプのせいで，たとえば，男性が立派なことをすると，「その人が立派だから」と思われるけど，女性が同じことをしても「それはま

ぐれ」とか「今はよくても，どうせ女だから，そのうちダメになるさ」とか思われるのでしょう。

◆──学校の先生だって……

　でも，こんな話は大学の心理学者に限ったことではありません。みなさんのまわりにもよくある話です。

　私の知り合いの女子高校生の話をしましょう。彼女はあまり成績が良くなかったようですが，あるとき「よしっ，次の数学のテストはがんばるぞ！」と決意して，テストの前に毎日何時間も数学の勉強をしました。そして，ついにテストでクラスの平均よりもかなり良い点をとることができたのです。でも，担任の先生が，その高校生に言った言葉は「おまえ，どうしたんだ。数学，すごいいい点とったじゃないか。まぐれだろう」だったのです。その女の子はいつも成績があまり良くなかったので，先生は「まぐれ」と思ったのかもしれません。でも，「まぐれ」と思ったのは，「女の子は数学が苦手」というステレオタイプのせいだったのかも。そして，もし，これが男の子だったら，先生は「おまえもやればできるじゃないか」とか「よくがんばったな。これからもこの調子でやれよ」とほめたり励ましたりしたかもしれません。

　テストでも運動でもピアノのコンクールでも，一生懸命（けんめい）がんばって良い成績を残すことができても，もし他の人から「まぐれだろう」と言われたら，みなさんはどんな気持ちがしますか。きっとガクッときますよ

ね。そして，もう2度とやるもんか，と思うようになるかもしれません。幸い（？），このお話の高校生は，逆に先生の言葉に「ふん，今に見てろよ」と思い，よけい勉強をがんばったそうです。

　こんなふうに，私たちは，同じことをしていてもそれを女性がやっているか男性がやっているかで，その人に対する見方や評価を変えてしまいがちになるのです。これも，私たちがステレオタイプをもっているせいで起こることです。同じことをしているのに，その人の性別によって見方や評価が変わるなんて変だと思いませんか。

◆——自分のやっていることだって……

　ステレオタイプがあるとどんなことが起こるのか。次に，私たちが自分のもっているジェンダー・ステレオタイプ通りのことをしてしまうということを，心理学の実験から紹介しましょう。この実験は心理学者のプライナー博士とチェイキン博士が行った[★10]もので，同性や異性の人がいっしょにいると，どのくらい食べる量が違うかを調べたものです。

　まず，「どのくらい空腹かによって作業の成績がどんなふうに違うかを調べる実験です」と説明して，大学生におなかをすかせて心理学実験室に来てもらいます。実験室には，もう1人の人がいます。この人は，研究者から頼まれてこの実験にお手伝いとして参加している学生ですが，もちろん実験室にやってきた大学

郵便はがき

| まことに恐縮ですが,切手をおはり下さい。 |

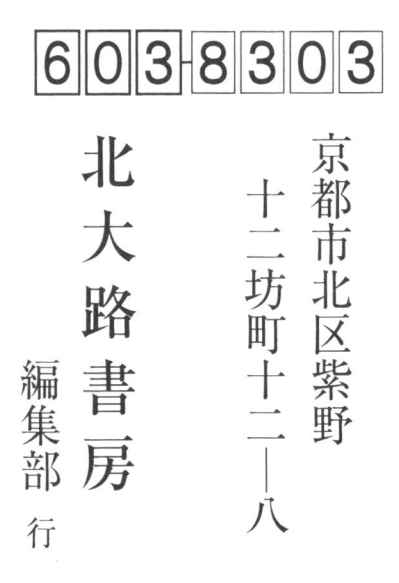

┌6┐┌0┐┌3┐-┌8┐┌3┐┌0┐┌3┐

京都市北区紫野
十二坊町十二―八

北大路書房 編集部 行

―――――――――――――――――――――――

(今後出版してほしい本などのご意見がありましたら,ご記入下さい。)

愛読者カード

ご意見を，心から
お待ちしています。

(お買い上げ年月と書名)　　　年　　　月

(おところ)　(〒　　　　) TEL (　　　)

(ふりがな)
(お名前)

年齢(　　歳)

(お勤め先 または ご職業)

(お買い上げ書店名)　　　　　　市　　　　　　　　書店・店

(本書の出版をお知りになったのは？○印をお付け下さい)
(ア)新聞名(　　　　)・雑誌名(　　　　)　(イ)書店の店頭
(ウ)人から聞いて　(エ)図書目録　(オ)DM
(カ)ホームページ　(キ)これから出る本　(ク)書店の案内で
(ケ)他の本を読んで　(コ)その他(　　　　　　　　　　)

(本書をご購入いただいた理由は？○印をお付け下さい)
(ア)教材として　(イ)研究用として　(ウ)テーマに関心
(エ)著者に関心　(オ)タイトルが良かった　(カ)装丁が良かった
(キ)書評を見て　(ク)広告を見て
(ケ)その他(　　　　　　　　　　　　　　　　　　)

(本書についてのご意見)　表面もご利用下さい。

このカードは今後の出版の参考にさせていただきます。(お送りいただいた方には，当社の出版案内をお送りいたします。)

2章　ここが本番　ジェンダーの話

生はそのことを知りません。実験をしている心理学者から，あなたたちにはおなかいっぱいになって作業をしてもらうと言われ，いろいろなトッピングのついたクラッカーが出されます。2人の学生はクラッカーを食べるように言われますが，お手伝い学生が食べるクラッカーはいつも15枚に決まっています。そして，このとき，実験室にやってきた大学生がどのくらいクラッカーを食べるかを調べたのです。実験室にやってきた大学生とお手伝い学生は，女女，女男，男女，男男という4つの組み合わせがありました。

実験に参加した大学生が食べたクラッカーの枚数を調べたところ，いっしょにいるお手伝い学生が自分と同性の場合よりも，異性の場合のほうが，食べるクラッカーの枚数が少なかったのです。これは，実験に参加した大学生が，女性でも男性でも見られた結果です。きっと，そばに異性がいることで緊張して食べる量が減ったのでしょう。

ところで，この食べたクラッカーの枚数を，実験に参加した大学生が異性のお手伝い学生を魅力的と思ったかどうかで，もう一度調べ直してみると，実験に参加した大学生が男性の場合，お手伝い学生が魅力的な女性かどうかで，食べたクラッカーの枚数にそれほど違いはありませんでした。しかし，参加大学生が女性の場合，お手伝い学生が魅力的な男性だとそうでないときよ

かっこいい彼の前じゃ，ちょっとブリッコしちゃうのよねえ……

りも，食べたクラッカーの量が少ないという結果になったのです。つまり，女子大学生は，かっこいい男の人がそばにいると，少食になってしまったということです。

どうして，女性は，そばにいる男性が魅力的かどうかで，食べる量が変わったのでしょうか。この実験を行った心理学者は，「女性は少食」というステレオタイプのせいだと考えました。このステレオタイプがもとになって「少食の女性は女らしい」と思われるようになるのでしょう。魅力的な男性がそばにいたために，その人に「女らしい」と思われようとして，女性は少食になってしまったようです。男性のほうは，「男の人は少食」というようなステレオタイプがないので，そばにステキな女性がいても，「男らしいと思われたいから少食になる」なんてことはないのでしょう。

こんな感じで，ステレオタイプは食べることにさえも影響しているのです。きっと，食べることだけでなく，みなさんのしゃべり方，いろいろな表情，ふるまい方，歩き方も，ステレオタイプの影響を受けていることでしょう。しかも，本人はそれに気づいてないことが多いのです。なんだかくやしいと思いませんか。自分のやりたいことをしていると思っていても，知らないうちにステレオタイプに支配されているなんて。

でも，ステレオタイプに支配されているってのは，これだけではないのです……。

2章 ここが本番 ジェンダーの話

◆——他の人をステレオタイプ通りの人間に変えてしまうことも

　私たちは，ふだん，いろいろな人にいろいろな接し方をします。みなさんは，朝，友だちに「おはよう！」とあいさつしますか。あいさつすると，たいていの人は「おはよう！」と返事してくれます。でも，あなたが何も言わないと，あちらも何も言わなかったりしますね。こんな感じで，みなさんが何か言ったりやったりすると，それに合わせて，相手も何か言ったりやったりするのです。

　みなさんは，オードリー・ヘップバーンという女優が主演した「マイ・フェア・レディ」という映画を見たことがありますか。貧しい花売り娘を見て，大学の先生（男性）が「この娘を教養のあるステキなレディにつくり上げる実験をしよう」と考え，その女性に上品な英語の発音を教え，きれいな服を着せ，マナーを教えたりしたのです。そうしているうちに，その貧しい花売り娘は，本当に教養のあるステキなレディになったというストーリーです。古い映画ですが，興味のある人は見てみてくださいね。

　ジェンダー・ステレオタイプにも，この映画のような感じのことがあてはまります。たとえば，あなたが「男の子はリーダーシップがある」と思っていると，グループのリーダーを男の子に任せようとするでしょう。たとえ最初はリーダーシップがなかったかもしれない男の子も，いつもリーダーの役をやらされていると，リーダーはこういうときにこういうことを言った

りやったりすればいいんだということが、だんだんとわかるようになりますね。こうして、リーダーとして経験を積んでいくと、最初はリーダーシップなんてなかった男の子も、本当にリーダーシップを身につけるようになるでしょう。そして、あなたが最初にもっていた「男の子はリーダーシップがある」というステレオタイプが、本当のことになってしまうのです。

◆——**男の子が科学が得意なワケ**

ここで1つ、心理学の研究を紹介しましょう。[11] 心理学者のクラウリィ博士は、カリフォルニアのサンホセ子ども科学博物館のいくつかの展示物の前で、90組の親子がどんな会話をするのかを録音しました。もちろん、録音することはあらかじめ参加者からOKをもらっています。ただし、どこで録音するかは教えていません。子どもの年齢は平均で5.5歳。日本だとだいたい幼稚園の年長さんくらいの子どもたちですね。実際に録音を行ったのは、発電機や20世紀初めごろの洗濯道具などの展示物の前でした。そして、録音した親子の会話の中に、展示物について科学的にレベルの高い話がどのくらい入っているかを調べたところ、子どもが男の子だけの場合では会話の中の41%が科学的なレベルの高い話で、男の子と女の子の両方がいる場合では50%がレベルの高い話だったのに、女の子だけの場合にはレベルの高い話はたった12%になってしまうことがわかったのです。つまり、男の子は女の子より

も，かなり多くの科学的な話，しかもレベルの高い話を聞いていたということです。おまけに，展示物が洗濯道具であろうと発電機であろうと，同じような結果だったそうです。洗濯道具は女の子向け，発電機は男の子向けとクラウリィ博士は考えましたが，女の子向けと考えられる展示物の前でも，男の子のほうがたくさん科学的な話を聞いていたというわけです。

どうして親は男の子に科学的な話をたくさんするのでしょうか。それは，たぶん「男の子は科学ができる」「男の子は科学が好き」というジェンダー・ステレオタイプによるのではないかと思います。そんなステレオタイプをもっている親は，「この子は男の子だから，こういう話がわかるはず」「男の子は，こんな話をおもしろがるに違いない」あるいは「男の子だから，科学がわかるようになってほしい」と思って，男の子にたくさん科学の話をするようになるのでしょう。そして，たくさん科学の話を聞いた男の子は科学に興味をもつようになり，また，たくさん話を聞くことで知識も増え，そして，本当に科学ができるようになる，という道すじが考えられませんか。そういえば，中学や高校で理科を教えている先生も男性が多かったですね。

このように，自分のもっているステレオタイプによって，言うことややることが変わり，それによって他の人の言うことややることが変わって，そして，やがて最初のステレオタイプが本当のことになるという道

すじが考えられます。そして、やっぱりここでもステレオタイプをもっている人は、自分がステレオタイプに影響されているってことに気づいてないことが多いのです。みなさんも、自分でも知らないうちに、他の人をステレオタイプ通りの人間にしているのかもしれませんよ。

　もちろん、ステレオタイプの内容が「リーダーシップがある」とか「科学ができる」とかっていう場合には、本当にリーダーシップが身についたり、科学ができるようになるならば、すごくいいことですね。でも、「リーダーシップがある」とか「科学ができる」とは思われていない女の子はどうなるでしょう。そして、ステレオタイプの内容が、たとえば「男は乱暴だ」のように、よくないものだったらどうなるのでしょうか。ちょっと考えてみてくださいね。

◆──「女らしくしろ」「男らしくしろ」のルール

　ここまで、ステレオタイプがあることで、他の人に対する見方が変わったり、自分のやることが変わったり、そして、他の人まで変えてしまうということを説明してきました。ステレオタイプってすごいですね。でも、もっとすごいことがあります。それを今から説明しましょう。そして、これから説明することは、じつは、あまりいいことではありません。ステレオタイプがあることによって、私たちが困ること、時には悩んで悩んで死んでしまいたくなるくらいのことです。

2章 ここが本番 ジェンダーの話

　それは,「女らしさ」「男らしさ」のステレオタイプが,「女らしくしろ」「男らしくしろ」とか「女らしくないといけない」「男らしくないといけない」とか「女だから」「男だから」というルールのようなものになってしまうことから始まるのです。ここでは,「らしくしろ」「しないといけない」などというのをあわせて,**らしさのルール**とよんでいくことにしましょう。この「らしさのルール」が,みなさんをどのように悩ませるのか,これから説明していくことにしましょう。

◆――女は勉強しなくてもいいの？

　私は以前,ある女子短期大学で教えていました。あるとき,学生のみなさんに「どうしてこの短大に来たの？」と聞いたことがあります。そのとき,ある学生が「お父さんに"女の子は勉強なんかするものじゃないから,大学へなんか行くな"と言われたんだけど,私は勉強したかったので,お母さんといっしょにお父さんを説得して,やっと"それほど言うのなら短大だったら行ってもいい"と許可が出たんです」と言っていました。この学生は,本当は4年制の大学に行きたかったようです。この話を聞いてどう思いますか。「え？　そんな古い考えのお父さんがまだいたの？」と思っている人もいるでしょう。そうです,いるのです,そういう古いお父さんが。お父さんだけではないでしょう,お母さんの中にもそう思っている人がいるかもしれません。もしかしたら,みなさんの中にもそ

う思っている人がいるかもしれませんね。

　2002年4月に大学に入学した人は、4年制大学と短期大学をあわせて数えると、女子は356,407人、男子は374,371人です。この中で、短期大学に入学した女子は107,754人で、4年制と短大をあわせた女子入学生の30.2%です。これに対して男子は13,687人が短期大学に入学し、4年制と短大をあわせた男子入学生の3.7%です（文部科学省HPより）。ってことは、2002年4月に大学生となった女子は、3割くらいが短期大学に通っているけど、男子のほとんどは4年制大学に通っているということになります。そして、じつは、昔になればなるほど、4年制大学に入学する女子は少なくなります。どうしてでしょうか。

　たぶん、さっきのお父さんだけでなく、多くの人の頭の中に「女の子は勉強しなくてもいい」みたいな考えがあるのではないかと思います。そして、それは「頭の良い女の子は女らしくない」「ちょっと頭が悪いほうが女はかわいい」→「女なんだから、勉強なんかしなくてよい」「女なんだから、大学に行くなら短期大学でいい」のような感じで生まれてきたのだろうと思います。

　「勉強しなくていいならラッキー!!」って思っている女の子いるかな。でも、「女の子なんだから○○」って勉強だけじゃないですよね。「お兄ちゃんや弟は、家に帰るのが遅くなって叱られないのに……」とか「お兄ちゃんや弟は、ごはんを食べた後テレビを見て

いるのに……」とか「お兄ちゃんや弟は，ひとりで旅行しても何も言われないのに……」とか。こんなふうに，「女らしくしろ」とか「女だから」っていう「らしさのルール」はたくさんありそう。そこで，女の子の女らしさについて，ちょっと考えてみましょう。

◆——まず質問に答えてみよう

　少し古い研究ですが，日本の心理学者の伊藤裕子さんと秋津慶子さん★12が，1980年ころに行った研究を紹介しましょう。その研究で使われた質問をちょっとつくりかえて表にしたものを79ページに載せました。

質問6　みなさんも79ページの表の質問に自分で答えてみてください。女の子も男の子も，やってみてください。やり方は次の1.～5.の通りです。

やり方
1．表の中に書いてある①～⑳の特徴は，あなた自身にとって，どのくらい重要ですか。まったく重要でない場合には0，非常に重要である場合には6として，0から6の数字を使って，あなたにとってどのくらい重要かを答えてください。
2．あなたのまわりの人たちは，その特徴をどのくらい重要だと思っているでしょうか。想像してみてください。まわりの人たちがまったく重要だと思っていないという場合には0，非常に重要だと

思っているという場合には6として，0から6の
数字を使って答えてください。
3．女性として，こうした特徴をもっていることは
どのくらい重要だと思いますか。前と同じように
0から6の数字を使って答えてください。
4．男性として，こうした特徴をもっていることは
どのくらい重要だと思いますか。前と同じように
0から6の数字を使って答えてください。
5．答えが終わったら，①から⑩までの特徴につい
て数字の合計を出してください。
　それができたら，⑪から⑳までの質問も同じよ
うに合計を出してください。

＊　＊　＊

　これでやり方はわかりましたね。それでは実際
にやってみてください。また，お友だちにもやっ
てもらって比べてみましょう。

　この表の①〜⑩は女らしさ，⑪〜⑳は男らしさの特
徴と思われているものです。伊藤裕子さんがつくったもので，伊藤さんは男女それぞれ100人前後の人に女性と男性を表す言葉にはどんなものがあるかを答えてもらい，それをもとに女らしさや男らしさを表す言葉を選んだそうです。
　さて，もう一度，自分の回答したところにもどってください。みなさんの合計はど

ちょっと一休み

2章　ここが本番　ジェンダーの話

	男性として	女性として	まわりの人の考え	あなた自身にとって
①かわいい				
②優雅な				
③色気のある				
④献身的な				
⑤愛嬌のある				
⑥言葉づかいのていねいな				
⑦繊細な				
⑧従順な				
⑨静かな				
⑩おしゃれな				
合計				
⑪冒険心にとんだ				
⑫たくましい				
⑬大胆な				
⑭指導力のある				
⑮信念をもった				
⑯頼りがいのある				
⑰行動力のある				
⑱自己主張できる				
⑲意志の強い				
⑳決断力ある				
合計				

のくらいでしたか。合計点は，どれも0点から60点までの間の数字になります。そして，点が高いほど，その特徴が重要であるということを意味します。

　図14は，伊藤さんと秋津さんが同じような質問を1980〜1982年に中学生，高校生，大学生，そして30〜50代の大人に行った結果をまとめたものです。たくさんのグラフがあるので，ちょっと混乱するかなと思います。そこで，このグラフの中から，女らしさについての女性の答，男らしさについての男性の答を抜き出して，別のグラフを作ってみました。図15の左のグラ

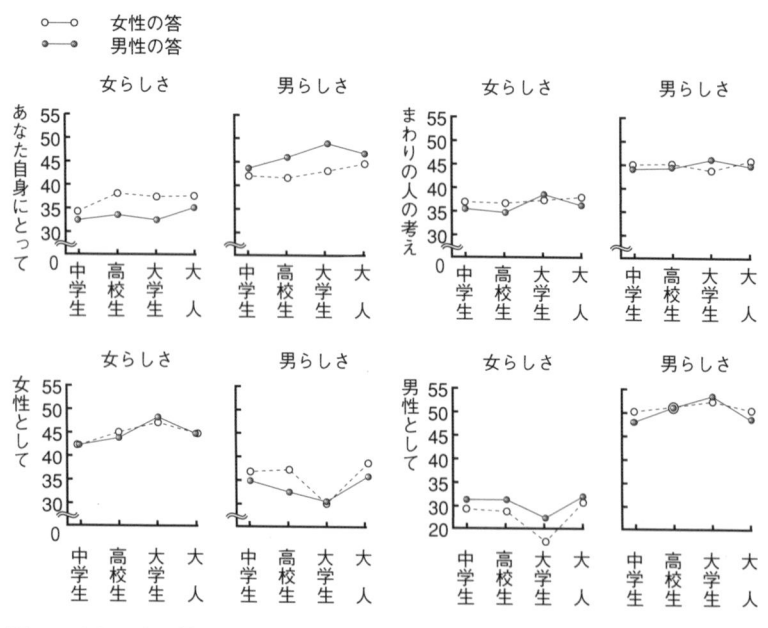

図14　女らしさや男らしさは，どのくらい重要？

2章 ここが本番 ジェンダーの話

左のグラフ:
- ●— あなた自身にとって
- ○----○ まわりの人の考え
- △-・-△ 女性として

縦軸: ↑非常に重要　まったく重要でない↓ (55, 50, 45, 40, 35, 30, 0)
横軸: 中学生　高校生　大学生　大人
女らしさは重要？　女性の答

右のグラフ:
- ●— あなた自身にとって
- ○----○ まわりの人の考え
- △-・-△ 男性として

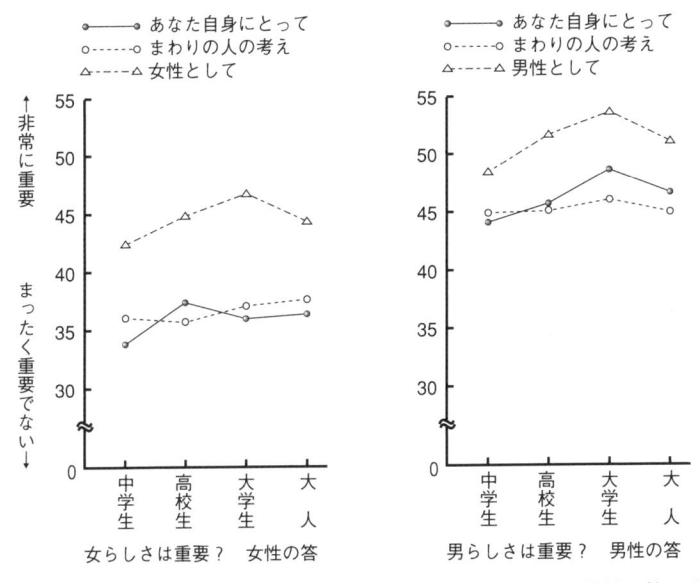

縦軸: 55, 50, 45, 40, 35, 30, 0
横軸: 中学生　高校生　大学生　大人
男らしさは重要？　男性の答

図15　女らしさについての女性の答，男らしさについての男性の答のまとめ

フは，女らしさについての女子中学生から大人の女性までの答をまとめたものです。自分自身にとって女らしさはどのくらい重要か，まわりの人は女らしさをどのくらい重要と思っているか，女性として女らしさはどのくらい重要かという答を同じグラフの中に入れてあります。右のグラフは男らしさについての男性の答を，同じようにまとめたものです。

◆——**女らしさは女にとっては大切だけど……**

さて，この図15のグラフを見てどう思いましたか。

右の男らしさのグラフのほうが、左の女らしさのグラフよりも全体的に上のほうにありますね。これは、男らしさは、まわりの人も重要だと思っているだろうし、男性がそれを身につけていることも重要だし、そして男の人自身も自分にとってそういう特徴が重要だと考えているということです。一方、女らしさはどうでしょうか。「女性として」の回答は上のほうにありますが、「まわりの人の考え」や「あなた自身にとって」という回答は少し下にありますね。つまり、女性がそういう特徴を身につけていることは、女性としてまあまあ重要。でも、自分自身にとってはそういう特徴はそれほど大切だと思っていないし、まわりの人もそれほど重要だと思っていないと、女の人は感じ取っているようです。

そして、図16を見てください。これは、女らしさと男らしさが自分自身にとってどのくらい重要かという、女性と男性の回答を1つにまとめて描いたものです。「男らしさ」は男性の回答も女性の回答も上にあり、「女らしさ」は女性の回答も男性の回答も低いところにありますね。つまり、女性も男性も、男らしさのほうが女らしさより自分自身にとって大切だと考えていることがわかります。

男子の場合、男らしさを身につけることはあまり矛盾はないようです。だけど、女

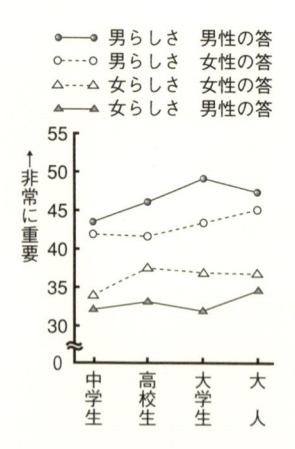

図16 女らしさと男らしさ、どちらが自分にとって重要？

子の場合は，女らしさを身につけると女性としては高い評価を得るけど，自分としては男らしさのほうが大切だと思っている……。女の子として生きることは，自分らしく生きることと違うものなのかもしれませんね。

　この研究は，前にも言ったように，1980年ごろのものですから，ずいぶん古いものです。みなさんの中には，「自分たちが生まれるず〜っとず〜っと前，大昔のことじゃん」と思っている人もきっといるでしょう。でも，この本を読んでいる女の子のみなさん，心の中に何かもやもやとしたものがありませんか。女の子らしく生きていくか，自分らしく生きていくか……，そんな悩みをもっている人もいるんじゃないかな。たぶん今の女の子も，昔の女の子と同じような気持ちをもっているんじゃないかなと思います。

　もし，他の人がみなさんに「自分らしく生きる」ことより「女の子らしく生きる」ことを望んでいたら……。もしみなさんが，「女なんだから，門限は7時」「女なんだから，ごはんを作ったりかたづけをしたりするのはあたりまえ」「女はひっこんでいろ」「女がひとり旅なんかするもんじゃない」……というまわりに反発を感じていたとしたら，それは「らしさのルールにしばられずに，自分らしく生きていきたい！」という，みなさんの心の叫びなのかもしれません。

◆──男であることは証明が必要らしい

 では，男子にはこんな悩みはないのでしょうか。いえ，考えようによっては，「らしさのルール」は男の子にきびしく，女子より男子のほうが「男らしさ」にがんじがらめになっているともいえるのです。

 たとえば，「男は強い」。こういうステレオタイプがあるために，男の子の中にはたいへんな目にあっている人もいます。泣きたくても泣けない。悩みがあっても打ち明けられない。こわくても平気なふりをしてないといけない。ケガをしても痛がってはいけない。本当にガマン，ガマンの連続です。なぜでしょうか。それは，「男であること」を証明しなければならないからです。男の子は努力しないと男であることを認めてもらえないのです。「何のことなのか意味がよくわからないよ」っていう声が聞こえてきそうですね。

 世の中を見渡すと，男の子にだけ「男であること」の証明を求める地域がたくさんあります。人類学者のギルモア博士は，いろいろな地域で行われている「男であることの証明儀式」を調べました[★13]。それによると，ミクロネシアのトラック島の男性は，小さな丸木舟に乗ってサメの出る海で魚をとることに挑戦しているそうです。もし，いやがったりすると，女のようだとか子どもだとか言われて，ばかにされるのだそうです。また，アフリカのマサイ族の男の子は，思春期のはじめに，ペニスの先の皮をナイフで切り取る割礼という儀式に耐えなければならないそうです。もし，泣

いたりするとダメな男として，一生恥ずかしい思いに耐えなければならないということです。

　こんな感じで，男の人は男であることを証明しなければならず，そして，証明に失敗すると，その男の人は男として認められずに生きていかなければなりません。もしかして，つぶやいていませんか。「ああ，ぼくは日本に生まれてよかったなあ。そんなことしなくてもいいもんなあ」。

◆——でもね，日本の男もたいへんだよ
　そうですね。日本では，男だからといってサメのいる海で漁をしたりすることもないし，割礼もありません。でも，みなさん，日本でも「情けないヤツ」とか「それでも男か」みたいなセリフを聞いたことがありませんか。男の子が泣いたり，こわがったり，ぐずぐずしていたりすると，こんな言葉で文句を言われたりしますよね。つまり，こういう言葉は，男らしさの証明に失敗した男の子のことをさしているのです。この本をここまで読んできたあなたには，こんな言葉を使うのはよくないことだってわかっているはず。でも，こういう言葉があるってことは，日本でも「男である」ことを証明しなければいけないってことですね。そして，証明に失敗すると「男のくせにしょうもないヤツ」ってことになるのです。

　では，日本の男性はどうやって男であることを証明しているのでしょうか。その証明の仕方はいろいろと

あるようです。たとえば，まず働いてお金を稼ぐこと。できれば，他の人よりもたくさん稼ぐこと。言い換えれば，経済的に成功するということかな。「すごい！」「がんばってますね」「出世したなあ」という尊敬のこもった言葉が，男としてのプライドをくすぐります。

もちろん，成功は経済的なことだけでなく，中高生のみなさんだったら，学校の成績がいいとかクラブで活躍するとか生徒会長になるとか，そういうことも入ります。「頭いいね」「走っている姿がかっこいいよね！」「みんなのためにがんばっているなんて，すごいなあ，おまえ」。う～ん，ステキなほめ言葉。うれしくなっちゃいますね。

それから，強いことも男の証明になります。どんな困難にも負けず，意志を強く持って前に進む。これも，やっぱり「すごい！」「かっこいい」「がんばっているなあ」というほめ言葉が手に入ります。もちろん，精神的な強さだけでなく，体力的な強さも，称賛の的です。それと，人のやらない危険なことをしても「スゴ～イ！！」「勇気あるなあ」「オレにはできん」と，同性異性からあこがれのまなざしが……。

◆——命さえ賭ける男らしさ

さて，こうした「男であることの証明」に失敗したらどうなるのでしょう。それがさっきの言葉，「情けないヤツ」ってことです。でも，この「男らしさの証明」がこわいのは，こういう言葉だけではなく，自己

破滅とよんでもいいような証明の仕方があるということです。それはたとえば,「すご～い」「お酒,強いんだね」と言われたいために,アルコールのイッキ飲みをするとか,「かっこいい」「勇気ある」と思われたいために,猛スピードで車を運転するとか。先生や親,警察に反抗したり,規則を破ったりすることも男らしさの証明になると思っている人もいるようです。20歳になる前の喫煙や飲酒,学校を壊す,それから無免許運転や成人式で暴れること,などもそうかもしれませんね。

　そして,もう1つ。中学生や高校生の自殺の話が,時どきテレビのニュースに流れます。自殺した生徒の多くが男子であることを知っていますか。今,こうして本を読んでいる人の中にも,いじめや何かの悩みで死にたいと思っている人もいるかもしれません。でも,自殺をするのは,そのほとんどが「強い」と思われている男の子なのです。どうしてでしょうか。その理由の1つは「男は強い」っていうジェンダー・ステレオタイプだと思われます。「男は強くなければいけない」というルールがあるために,それにしばられてしまって,弱みを見せることができず,だれにも相談できなくてひとりで悩み苦しんで,最後に死を選んでしまう。これは,中学生や高校生だけの話ではありません。いろいろな年代の人を合わせた集計でも,女性よりも男性のほうが自殺する人は多いのです。こんなことなら,いくら社会で望ましいといわれていても「男らしさな

んていらない！」って感じですね。

　一方，女の子は命の危険をおかしてまで「女であること」の証明はしなくていいようです。たしかに，女らしさのルールに従っていないと，「男まさり」「おてんば」とよばれることがあるかもしれません。でも，それは男の子に対して言われる「情けないヤツ」に比べたら，そんなに大したことはないですね。そして，そんな女の子は同性の中ではけっこう人気者だったりします。「男まさり」「女にしておくのがもったいない」なんて，ほめ言葉としても使われるくらいですから。

　それにしても，男であることの証明に失敗した男性を「女みたい」と言ったり，女の子に「女にしておくのはもったいない」と言うなんて，女性より男性のほうがいいみたいな感じで，なんだかイヤですね。この本を読んだ人はそんな言葉を使わないようにしてくださいね。

◆──それは将来の仕事でも……

　みなさんの中には，今も，「女だから」「男だから」という理由だけで，やりたくもないことを無理やりやらされたり，やりたいことを止められたりということを経験している人もいるでしょう。それと同じようなことが，仕事をする職場でも起きています。

　次の新聞記事は，ある生命保険会社の裁判の話です。この会社では，長いこと「女性は結婚したら退職する」という雰囲気のようなものがあったそうです。でも，

既婚女性 人事で差別

生命に賠償命令

大阪地裁判決

結婚していることを理由に昇給や昇格で差別されたとして、■生命保険（本社・■市）の女性社員12人が同社を相手に88年以降の差額賃金や慰謝料など総額約3億2300万円の損害賠償を求めた訴訟で、大阪地裁の松本哲泓裁判長は27日、既婚女性を差別した不法行為があったと認め、約9000万円の支払いを命じる判決を言い渡した。既婚女性を主な争点にした初の司法判断で、企業の労務管理などに影響を与えそうだ。

〔35面に関係記事〕

訴えていたのは大阪市の■■■■さん(58)ら12人で、58～63年に入社した一般事務職の女性社員。95年12月に提訴し、7人はすでに定年退職している。

その判決は大阪市■■■■児休業などの権利に基づいて働かなかったことについて、能力が低いと評価することは同法の趣旨に反し、許されない」と判断した。

そのうえで、原告らの査定（5段階の相対評価）が、結婚を境に標準の「3」以下に下げられたことをとらえ、未婚女性との間に昇給差別があったと認定。「労働基準法で定めた育児休業や育児時間をとることを理由に既婚女性の労働力を一律に低いとみなしてきた同社の人事運用について、判決は

原告らと同期入社の内勤女性93人のうち、96年3月の時点で、未婚者は61人中50人が役付きに昇格したのに対し、既婚者は32人中2人しか昇格者はおらず、その2人も結婚で改姓したことから顕著な昇格差別があったと指摘した。

さらに、判決は「既婚者を辞めさせることは会社の方針」「結婚して働

き続けると和を乱す」「ないた」はずで、ほかの3人も不当に低い評価を受けなど結婚や妊娠、出産管理職にあった。嫌がらせといっていい言動は会社の責任だ」と述べた。

理由に退職を強く勧めるケースが多かったとめ、「会社の指示とまでは言えないが、既婚女性の勤続を歓迎しない姿勢が

9人が役付きに昇格して

ていたと判断。提訴の3年前より以前の分の請求については民法の消滅時効を適用し、時効にかからない92年12月以降の賃金や退職金の差額などの支払いを命じた。

提訴前の調停申請で旧労働省の大阪婦人少年室が調停を開始しなかったことについて、原告らは国に総額1200万円の慰謝料を求めていたが、判決は棄却した。

「女性は結婚したら退職」をめぐっての裁判記事（朝日新聞2001年6月28日）

結婚しても退職しない女性がいたのです。すると、どんなことが起こったのでしょうか。新聞によると、結婚して妊娠したある女性は、妊娠7か月のとき、1階の職場から机だけ運び出されて2階に移されたそうです。2階には電話もトイレもなく、電話がかかってくるたびに、インターホンで呼び出され、階段を下りなければならなかったそうです。妊娠7か月といえば、おなかはかなり大きくなっています。こういう女性が、1日に何度も階段を上ったり下りたりすることは、とても危険なことです。

　また、ある女性は子どもが生まれて8か月になったとき、突然転勤になり、社内結婚した夫も、片道2時間20分かかるところに転勤になったそうです。8か月の子どもというのは、まだほとんど歩けないくらいです。病気もよくするし、育児はたいへんです。夫の通勤に2時間20分かかるということは、仕事が朝8時半に始まるなら、夫は朝6時には家を出なくてはいけないし、夕方6時に仕事が終わっても、家に帰ったら夜の8時半ごろ。もし、子育てを手伝ってくれる人がほかにいなかったら、この女性は、朝、夫が出かけてから自分も会社に行く前や、夕方、自分が帰宅してから夫が帰るまでは、ひとりで子どもの世話をしなければいけません。子どもをあやしながらごはんを作ったり、洗濯したり、ひとりで子どもをお風呂に入れたり……。これで夫が残業だとか出張だとかしたら……。自分が残業や出張だったら……。もう想像がつきませんね。

本当にたいへんだったでしょう。ほかにも，いろいろと既婚女性に対するいやがらせがいっぱいあったようです。「女は，結婚したら仕事を辞めるのがあたりまえ」「辞めないだって？　いったい，その女は何を考えているんだ」「辞めないなら，辞めさせてやるぞ」って感じだったのでしょうか。

　もちろん，こういう話は，この会社に限ったことではありません。そもそも就職するときから，女子は親のいる家から通える人しか採用しない会社も，まだまだたくさんあるのです。

　みなさんは，こういう話を聞くとどう思いますか。みなさんの中には「そんなにたいへんなら，仕事を辞めればいいのに」とか「女が，そこまでして働かなくてもいいんじゃないか」と思う人もいるかもしれませんね。そう，この生命保険会社で働く女性も，いっそ仕事を辞めてしまえば楽だったのかもしれません。でも，本当に辞めるだけで終わることでしょうか。

◆──女ならコーヒー入れるのも仕事？　男なら残業は当然？

　もう1つ，仕事の話を紹介しましょう。先日，私の勤めている大学を何年か前に卒業した女性の話を聞きました。ある会社に就職して，まず最初に先輩から教えられたのは，「Aさんには，朝はコーヒーで砂糖2杯，Bさんはコーヒーが飲めないから紅茶」というようなことだったそうです。この卒業生は，コーヒーか日本茶か紅茶か，コーヒーや紅茶なら砂糖は何杯，ミ

ルクは入れるか入れないかなどを，職場にいる人たち全員分覚えなければならなかったそうです。もちろん，この卒業生はお茶を入れる仕事をする人として，その会社に採用されたわけではないはず。でも，この人の最初の仕事が，お茶の入れ方を覚えることだったのは，その人が「女性だったから」でしょうね。同じ会社でも，男性の新入社員には，こんな仕事はきっと与えられないでしょう。

　こういう話を聞くと，みなさんはどう思いますか。「コーヒーを入れるだけで給料がもらえるなら，こんな楽な仕事はないじゃん」って思うかな。でも，毎日毎日，コーヒーを入れて，そして，同じ年に会社に入った同僚がそのコーヒーを飲み，重要な会議に出席するというのを見ているだけだとしたら……。そして，その人はどんどん出世して給料も上がるのに，自分はいつまでたってもコーヒーを入れて給料は安いままだとしたら……。どうですか。

　もちろん，男性も「男だから」という理由で，残業をさせられたりノルマがきつかったりします。家や土地の取り引きをする不動産関係の職場に勤めているある男性は「うちの職場の女性はいいですよ。残業もノルマもないし，固定給だし，土日は休みだしね。男は転勤はあるし，歩合給だし，サービス残業は当然ですからね。おまけに引っ越しシーズンの春にはほとんど休みがとれないし……」と言ってました。

　固定給というのは，仕事の量にかかわらず毎月一定

の金額の給料が支払われることで、歩合給は仕事の結果に応じて給料が支払われるというものです。サービス残業ってのは、勤務時間以外の時間に給料なしで仕事をすることです。つまり、この男性は、休みもほとんどなく、朝から夜遅くまで仕事をし、さらに、不動産の契約を成立させなければ給料も減ってしまうという状況にあるのです。多くの人が不動産を次つぎと買ったり売ったりするときなら、どんどんもうかるでしょうけど、でも、そうでないときなら、なかなか給料もよくならないでしょう。こんな働き方を、みなさんはどう思いますか。「働いているんだからあたりまえ」「食べていくためには、少々は仕方ない」「やりがいのありそうな仕事じゃん」って思うかな。でも、私たちは働くためだけに生きているのでしょうか。

働くってたいへんやね

やれやれ。それにしても、こうして見ると、女性も男性もたいへんですね。では、どうして、こんなふうに女性と男性で働き方が違うのでしょうか。

◆——「女は家庭，男は仕事」の歴史

私は大学の授業で、女性が働くことについて話をしていたときに、こういう質問をされました。「でも、女の人が働くよりも、男の人が働いたほうが、効率がいい（仕事が早くたくさんできる）んじゃないですか。女の人は力がないし、結婚したらたいへんだし……」。

みなさんは、このような考えをどう思いますか。「女の人より男の人のほうがたくさん仕事ができる。女の人は結婚すると仕事と家庭を両立させるのがたいへん。それだったら、女の人は結婚したら仕事を辞めたほうが、日本の経済のためにはいい」と思っている人もいるでしょうね。たしかにその通りです。男の人が朝早くから夜遅くまでずっと働き続け、そして、女の人は家庭で家事と子育てをしているほうが、日本の経済にはプラスなのです。どうしてでしょうか。ここで、半世紀ほど時代をさかのぼってみましょう。

第2次世界大戦が終わったのは1945年です。それからしばらくして、日本は工業に力を入れるようになってきました。そのため、だんだんと会社や工場が増えていきます。会社や工場が増えると、そこで働く人も増えます。働く人が増えると、会社や工場はたくさんの給料を支払わなくてはならなくなります。会社や工

2章 ここが本番 ジェンダーの話

場がもうけようと思ったら，なるべく支払う給料を安くしたいと考えるでしょう。ここで，質問です。

> **質問7** 1人に16時間働いてもらうのと，2人に8時間ずつ働いてもらうのでは，どちらのほうが，会社にとって安くすむと思いますか。

2人で8時間なら同じ16時間だから，1人でも2人でも同じと思うかな。じつは，同じ時間でも，2人より1人に働いてもらったほうが，会社にとっては安上がりなのです。なぜかって，会社は給料以外に，働く人が病気になったときのための健康保険や，退職した後の年金を払うためのお金を使わなくてはなりません。1人に1日16時間働いてもらっても，そのうちの何時間かは残業代だけですむし，本当はいけないことだけど，サービス残業さえしてもらえます（だって，働く人にとっては，サービス残業を断ったらクビにされるかもしれないっていう不安がありますもんね）。だから，2人に8時間ずつ働いてもらうより，1人に16時間働いてもらったほうが，会社としては安くすむのです。

さて，1人の労働者が朝から晩までずっと働き続けるためには，その人たちが家に帰ったときに，ごはんが作ってあって，お風呂も沸いていて，掃除もきれいにしてあって，という生活だと楽ですよね。そうすれ

ば，長い時間働いても，家に帰ったらごはんを食べてお風呂に入って，そのまま寝ることができ，次の日も朝早くから仕事に出かけることができます。

　そろそろわかってきたかな。そう，男の人が長い時間働けるように，女の人が家でごはんを作ったり，掃除をしたり，子どもがいれば子どもの面倒もみてくれれば，会社にとってはハッピー，会社がたくさんもうければ日本の経済もハッピー，という感じなのです。で，こういう時代を経て，日本は今のように豊かな社会になったのです。

　みなさんが，コンビニでドリンクを買って，ケータイで友だちにメールして，テレビを見て，というような生活ができるのも，こうやって働いてきた人たちのおかげなのです。「それなら，これからも日本がどんどん豊かになるためには，男の人はもっと働いて，女の人は家事と育児をがんばればいいんじゃない」。う〜ん！　この話の続きも，また後で。

◆――でも，私には関係ないよ――本当に関係ないのかな？

　さて，ここまでの話を読んでどうでしたか。

　「ジェンダー・ステレオタイプがあることはわかったよ。ジェンダー・ステレオタイプがなんかの問題を引き起こすことも何となくわかる。でも，自分はちっとも困ってないんだよね」。

　「そうそう，それにさあ，らしさのルールが問題だって言ってもさあ，ある程度は，女は女らしく，男は

男らしくないとね。そのほうが，経済も発展するでしょ。ま，とにかく，今のところ，私には関係ないよ」って思っている人もいるでしょうね。

　私は，これまでいろいろなところで，このジェンダー・ステレオタイプの話をしてきました。そして，気がついたのは，「なるほど！　そうだったのか」「わかる，わかる」と納得してくれるのは，たいてい，みなさんのお母さんくらいか，もっと年配の女性でした。きっと，これまでいろいろなことを経験なさってきたのだろうと思います。そして，「私には関係ないじゃん」という態度が一番強かったのが，中学生や高校生でした。

　ジェンダー・ステレオタイプではなく，生まれた場所や肌の色に関するステレオタイプの話だと，「ひど～い」「ステレオタイプっていけない！」「同じ人間なのに，なぜ？」「どうにかしなきゃ」と驚いたり怒ったりする人もけっこういるんですが，どうしてジェンダー・ステレオタイプには，あまり関心がもたれないのでしょうか。

　それは，ジェンダー・ステレオタイプが，あまりにみなさんの身近にありすぎるためだと思います。これまで見てきたように，家庭，テレビ，学校，そしてお母さんやお父さんの働く職場などなど，あらゆるところにジェンダー・ステレオタイプがごろごろしているのです。こんなふうに，あまりにも身近にあり，小さいころから親しんできたために，逆に気づきにくくな

っているのでしょう。そこで，最後に，みなさんのことや，これからのことについて考えてみましょう。

終章

最後に。
私の気持ちがあなたに伝わると
うれしいなという話

◆──彼女が女らしいワケ，彼が男らしいワケ

　さて，いよいよこの本も残り少なくなってきました。ここでもう一度，**セックスとジェンダー**を考えてみましょう。身体的な性別をセックス，セックスに基づいて社会によってつくられた性別をジェンダーといいました。

　赤ちゃんは生まれてすぐ，「女の子」か「男の子」かに分けられます。今では，生まれる前から赤ちゃんの性別はだいたいわかりますから，もしかしたら，生まれる前から「女の子」か「男の子」かに分けられているかもしれません。同じ赤ちゃんを「女の子」「男の子」と紹介しただけで，大人の見方や接し方が変わるという実験を紹介しましたが，きっとみなさんも，「女の子」か「男の子」かに分けられた瞬間から今日まで，親や親せきや近所などのまわりの人から「女の

子」「男の子」として扱われてきたでしょう。

　おもちゃも違うし，親のしつけも違うし，みなさんの将来についての親や先生の期待も違います。友だちの接し方も違います。そして，たぶん本人もあまり気づかないうちに，「セックスが女」の子どもは，「ジェンダーも女」の子どもになり大人になり，「セックスが男」の子どもは，「ジェンダーも男」の子どもになり大人になる。こうして，セックスに合うようなジェンダーをもつようになると考えられます。

　前にも言ったのですが，女の子が女らしくて男の子が男らしいのは，どこまでがセックスのせいかジェンダーのせいか，じつはよくわかっていません。子どもを産んだりヒゲがはえたりするのはセックスのせいだとは思うけど，理科の先生には男性が多いのは，男性のもっている遺伝子やホルモンなどのセックスに関連するもののためなのか，それとも，「男の子だから科学が好きだろう」というようなジェンダーによるもののためなのか，むずかしいところです。でも，これまで見てきたように，ジェンダーの影響はかなり大きいみたいですね。そう，「彼女が女らしいワケ，彼が男らしいワケ」は，生まれつきのセックスだけじゃなくて，生まれた後で身につけたジェンダーにもある，ってことです。このことをぜひ頭に入れておいてください。

終章　最後に。私の気持ちが……

◆──女は地図が読めない！？　男は話が聞けない！？

　私は，しばらく前に，本屋さんでおもしろいタイトルの本を見つけました。それは，アラン・ピーズとバーバラ・ピーズの書いた『話を聞かない男，地図が読めない女』（主婦の友社）という本です。この本によると，男性に比べると女性は地図をうまく読むことができない，女性に比べると男性は会話をするのが下手なのだそうですが，このような違いは，女性と男性がもともと生物学的に異なるために見られるのだそうです。つまり，女性と男性が違うのは，遺伝子やホルモンなどのセックスのせいであるという考え方です。

　ヒトが狩猟採集で暮らしていた時代に，男性は狩りをしながらも自分が今どこにいるか知っておかないと家に帰れないけど，女性は家の近くで木の実などを集めるだけなので，自分が今どこにいるかあまりはっきりとわからなくも大丈夫。そのため，女性の脳は地図を読む能力を発達させなかったそうです。一方，女性は仲間といっしょに過ごす時間が長いため，コミュニケーションが大切になるけど，狩をしている男性は合図に言葉を使うことはあまりありません。そのため，男性の脳は言語能力をあまり発達させなかったと，この本には書いてあります。つまり，いろいろな能力における女性と男性の違いは，進化の過程で身につけた脳の違いに原因があると考えるのです。

　さて，私は，この『話を聞かない男，地図が読めない女』という本を買って，大学の研究室に置いておき

ました。研究室というのは，大学の教員が大学で研究や仕事をする部屋です（たった今，私も研究室にあるパソコンを使って，今あなたが読んでいるこの本の原稿を書いています）。私の研究室には，ジェンダーに関する本がいっぱい置いてあって，学生たちがおもしろそうな本を借りていきます。

『話を聞かない男，地図が読めない女』も人気があって，何人かの学生がこの本を読んだようです。そして，学生たちのこんなおしゃべりを耳にしました。「この本，うちの両親に読ませてやりたい。いっつも，父が運転して"この信号はどっちに行くんや？"と聞くと，地図を見ている母が"そんなもん，わからんわ"とか言って，ケンカになるんだよね」。

この学生に限らず，この本を読んで「なるほど，そうだったのかあ」と納得する人が多かったようです。みなさんはどう思いますか。もし，みなさんも興味があったら，この『話を聞かない男，地図が読めない女』を読んでみるといいですね。でも，この本を読むにしても，これってジェンダーじゃないかなあと思いながら読んでみてほしいのです。つまり……。

◆――本当に脳の違いなのかなあ

たとえ，本当に，女性のほうが地図が読めない人が多いとしても，それは，もしかしたら子どものころから「女の子なんだから」とあまり遠くに遊びに行かせてもらえなかったからとか，どこかへ行くときにはい

終章　最後に。私の気持ちが……

つも親がいっしょで，道順を覚える必要がなかったからとも考えられませんか。

　たとえ，本当に，男性のほうが話をするのが苦手だとしても，それは「男の子だから」ということで大切にされ，自分から「○○がほしい」とか「△△したい」と言う前に，いつも親から「○○がほしいの？」とか「△△する？」と聞かれていたために，「ウン」とか「ウウン」と返事するだけで十分だったり。「男はぐずぐず言うんじゃない」としつけられたり。そんな子ども時代を送ってきたために，自分から何かをしゃべることや会話が苦手になったとも考えられませんか。

　というように，地図や会話のことなら，脳の話をもち出さなくても，ジェンダーでも説明できるのです。もちろん，『話を聞かない男，地図が読めない女』の著者が書いていることが正しいのかもしれません。女性と男性の違いは，生物が進化していく過程で身につけたものなのかもしれません。でも，もしかしたら，ジェンダーかもしれないっていう可能性も捨てきれませんよね。女性も男性も，セックスだけじゃなくて，ジェンダーも組み合わさって，今のような人間につくり上げられたと考えることができるのです。

　「私が地図が苦手なのは，身体が女だからしかたないよ」とか「オレが人の話を聞けないのは，身体が男だからさ」と，セックスのせいにするのは簡単。むしろそのほうが，「どうして私は地図が読めないんだろう」とか「どうしてオレは人の話を聞けないんだろう」

と悩まなくて楽かもしれません。でも，あなたが今読んでいる本をここまで読んできた人なら，ちょっと違う考え方をしませんか。そう，ジェンダーですね。次に，ぐっとみなさんの身近な話に進んでいきましょう。

◆——そして，自分のことを考えてみよう

みなさんの中には「自分たちは新しい。親は古い」みたいに思っている人もいるかもしれませんが，お母さんやお父さんよりも，案外，みなさんのほうがジェンダー・ステレオタイプをきちんと守っていたりってこともあるのです。なぜって？ それは，みなさんが，他の人，とくに友だちからどう思われているかを一番気にする年ごろだからです。

もっと小さいころは，髪の毛に寝ぐせがついていようと，服が汚れていようと気にしなかった人も多いでしょう。でも，今は，朝起きて思うようにヘアースタイルが決まらないと学校に行くのがいやになったり，遊びにいくときも鏡の前でいろんな服の組み合わせを試したり，なんてことありませんか。こんなに外見に気を使うのも，友だちからどう思われるかが気になるせいでしょう。あるいは，外見のことにはそんなにかまわない人でも，こんなことを言ったりしたりすると友だちからどう思われるだろうかと気になったり，友だちと違うことをしたり言ったりすることができなかったりという経験はありませんか。友だちからどう思われるかって，今のみなさんにとっては大切なもので

終章　最後に。私の気持ちが……

すよね。

　なぜ，みなさんが友だちにどう思われるかを気にするのか。それは，みなさんの知的な能力の発達と関係しています。中学生くらいになると，私たちはものごとをいろいろな角度から，すじみちを立てて考えることができるようになります。ものごとを考えるようになるということは，悩むことでもあるのです。たとえば，「なぜ私は生きているんだろう」「何のために人間は存在するのだろうか」「なぜ戦争なんかするんだろう」とか「どうして，私はあんなことをしてしまったんだろうか」「こんな世の中で，ぼくの将来はどうなるんだろう」というようなことを考えたり，悩んだりしたことのある人，あるいは今も悩み中の人もいると思います。そして，この悩みの中には，「こんなことしたら，他の人はどう思うだろうか」「あんなことして，みんなから私はどう思われているんだろう」なんて，他の人の目に映った自分についての悩みもあるし，「あの子は何でもできるのに，私は……」「あいつは背が高くていいなあ」「なんで自分だけが……」と，自分と友だちを比べての悩みもあるでしょう。この本を読んでいるみなさんの中にも，こういう思いをしている人も多いだろうと思います。

　そして，ちょっと前まで大好きで，立派だと思っていた親や先生が，どうしようもないつまらない人間に見えたり。たぶん，親や先生に反抗している最中の人もいるでしょう。多くの人にとって，一番身近で一番

大切な人というものが、親や先生から友だちへと、成長とともにかわっていくのです。

　また、中学生くらいになると、まわりの大人の言うこともだんだんと変わってきます。たとえば、時には「もう中学生なんだから」と大人の仲間として扱われたり、でも、別のときには「まだ中学生のくせに」と子どものように扱われたりなんて経験はありませんか。そんなとき、「それじゃあ、いったいどうすればいいんだ」と叫びたくなったり……。

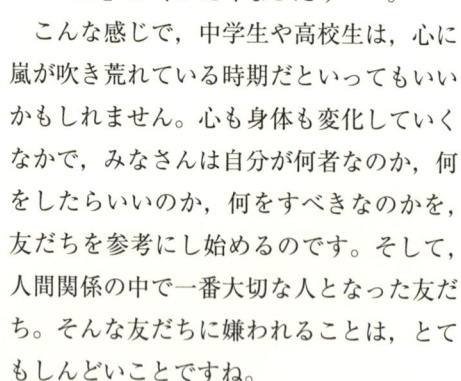

　こんな感じで、中学生や高校生は、心に嵐が吹き荒れている時期だといってもいいかもしれません。心も身体も変化していくなかで、みなさんは自分が何者なのか、何をしたらいいのか、何をすべきなのかを、友だちを参考にし始めるのです。そして、人間関係の中で一番大切な人となった友だち。そんな友だちに嫌われることは、とてもしんどいことですね。

中高生もたいへんだね

◆——迷ったときのお手本——ジェンダー・ステレオタイプ

　さて、みなさんが友だちから嫌われないようにするためにはどうしたらいいでしょう。残念ながら、13〜18年くらいの人生経験しかないみなさんが、「自分らしく生きろ！」「人の目を気にせずに、やりたいことをやりなさい」なんて言われたって、何が自分らしさなのか、自分がいったい何をしたいのかよくわからな

終章　最後に。私の気持ちが……

いことが多いでしょう。どうしていいのかわからないとき，何が正しいのかわからないとき，あなたに「こうしたらいいよ」「みんなこうしているみたいだよ」と言ってくれるものがあるとほっとしますね。ジェンダー・ステレオタイプは，そんなアドバイスをあなたに与えてくれるものの1つなのです。何と言っても，ジェンダー・ステレオタイプは，「女はこうあるべき」「男はこうすべき」「女はこれをしてはいけない」「男はこうでなければいけない」っていう人生のルールを教えてくれるありがたいものなのです。

　さらに，みなさんの年代の人たちが，大きな関心をもつようになるものに恋愛があります。小さいころは単なる友だちだった人が，中学生や高校生くらいになると恋愛の相手になってくるようになります。でも，ここでも「自分らしさを失わず恋愛する」なんてやっぱりむずかしいですよね。そもそも恋愛中の恋人どうしが，何を言ったりどんなことをしたりしているかなんてあまりよくわからないし，教科書があるわけでもなく，恋愛のやり方もよくわからないことが多いでしょう。ここでも活躍するのが，マンガやテレビなどから得たジェンダー・ステレオタイプです。ジェンダー・ステレオタイプは「こんなとき，女はこうする」「あんなときは男はこうするもの」という恋愛のマニュアルともいえます。「あの人に愛されるためには，かわいいって思われるような女の子にならなきゃ。かわいい女ってのは……」「あの子に嫌われないために，

かっこいい男になりたいなあ。かっこいい男は……」。

みなさんにも覚えがあるかもしれませんね。乱暴な言葉をつかっていた女の子が，急におとなしくなって，クッキーを焼き始めたり，寝ぐせのついたヘアースタイルのまま学校に来ていた男の子が，急に格好を気にし始めたり，逆に妙に乱暴な言葉づかいをし始めたり。こうしたことも，みなさんがジェンダー・ステレオタイプをお手本にしているってことです。やっぱりステレオタイプって便利なものですね。女らしさや男らしさをしっかりと教えてくれるんですから。でも，本当にこれでいいのかな。

◆——ここで，もう1度仕事の話をしてみよう

ここで，少し前に，仕事の話をしたことを思い出してください。「女は家庭，男は仕事」というのが，経済が発展するには一番効率がいいということを紹介しました。たしかに，経済のことだけを考えたら，女性と男性がそれぞれ役割を担って働くのがいいのかもしれません。でも，この本をここまで読んできたあなたなら，ちょっと違う目で見てほしいのです。仕事の話を，肌の色や生まれた場所や背の高さなどで置き換えてみてください。たとえば，生まれた場所の郵便番号の最後が奇数の人は1日16時間働き，偶数の人はその人たちのごはんを作る，と決まっていたらどうですか。あるいは，身長が160cmより高い人は1日16時間働き，160cmより低い人はごはんを作るというのはどうです

終章　最後に。私の気持ちが……

か。なんだか変だと思いませんか。生まれた場所や肌の色や外見などで，「あなたは○○をしなくてはいけない」「あなたは△△をしてはいけない」とするのを差別といいます。そうすると，「あなたは女だから，子どもが生まれたら仕事をやめなければいけない」「あなたは男だから，朝から晩まで働かなければいけない」っていうのも差別かもしれませんね。どう思いますか。

◆——20kgの箱を運ぶ人は？

たとえば，20kgの箱を運ぶ仕事があるとしましょう。20kgといえば，あたりまえだけど，10kg入りのお米の袋2つ分です。20kgっていう重さが想像のつかない人は，近くのスーパーマーケットに行って，お米の袋を一度持ち上げてみてください。けっこう重い！　これを運ぶ仕事は，きっと力が必要になるでしょう。この箱を運ぶ仕事はだれがやるのがいいと思いますか。

> 質問8　みなさんが，20kgの箱を運ぶ仕事をする会社の社長になったとしましょう。この仕事をするバイトを募集したところ，たくさんの高校生がやってきました。みなさんは，このたくさんの高校生の中から，どんな基準で仕事をする人を選ぶでしょうか。

たぶん多くの人が「当然，20kgの箱を運ぶ力のある人を選ぶよ」と思ったんじゃないでしょうか。そうですね。この仕事は，力のある人にしてもらうのが早いでしょう。この仕事に限らず，どこの会社でも，新しい人の採用を決めるときには「会社の仕事ができる人」を選ぶでしょう。会社は仕事をするところですから，当然といえば当然です。では，「仕事ができる人」はどうやって選べばいいでしょうか。

　もし，たくさんの希望者の中から，20kgの箱を運ぶバイトを簡単に選ぼうとしたら，ぱっと見て力のありそうな人に決めるのが早いでしょう。そして，力がありそうな人は男子に多いので，その会社は，最初からバイトは男子だけと考えているかもしれません。そして，バイトの募集の広告も「男子のみ」とするかもしれません。でも，女子の中にも，そのバイトをしたい人がいたとしたら……。女子でも力がある人はいるし，男子でも力のない人がいるのに……。力があるかどうかにかかわらず，「女だから」というだけで，その仕事は最初からできないとされ，バイトに応募することさえダメだと言われるのです。このバイトに限らず，できるかどうかもわからないのに最初から「あんたはダメ」と言われるようなところでは，たとえ「やってみたいなあ」と思っても，「やりたい！」と言えないような気がしてきますよね。

　「それなら，女か男かにかかわらず，体力測定をきちんとして，それで力のある人とそうじゃない人を見

分けたらいいんじゃない」って思うかな。その通りなんだけど、もし、体力測定の結果が良くても「女だからやっぱり無理じゃないかな」と思われたら……。そして、このことは、20kgの箱を運ぶという仕事だけでなく、いろいろな種類の仕事でも起こっていることなのです。「やっぱり、この仕事は男でないとなあ」「"がんばります"って言うけど、女の子はすぐやめちゃうんだよなあ」……「あんた、"24時間働ける"?」。

◆——20kgは5kgを4回

　ここで考えてほしいのです。もし20kgの箱ではなく、5kgの箱にしたらどうでしょう。これだったら、力の少ない人にも運びやすくなります。

　ある仕事をするのに必要な力の量を変えていけば、力のある人だけしか仕事ができないのが、力のない人もその仕事ができるようになりますよね。つまり、力のありそうな男子だけでなく、力のなさそうな女子もバイトに応募することができるのです。そして、いろいろな理由で、力がそれほどない人、たとえば、車イスに乗っている人や、手や足に障害をもっている人もこの仕事ができるようになります。また、力のある人なら、1度に、5kgの箱を5つでも6つでも運ぶという方法もとれるでしょう。

　もちろん、力のあまりない人に仕事をし

5kgの箱ならば……

てもらったら、力のある人にしてもらうときよりも時間もお金もかかります。20kgの箱なら1度で運べるのに、5kgの箱にすると4倍の時間が必要ですし、そのため働く人をたくさん雇わないといけなくなったり、労働時間が長くなったりして、給料をたくさん払わなければならなくなるかもしれません。

　女のする仕事、男のする仕事と分けるのは簡単です。でも、仕事のやり方を変えてみると、じつはだれでもできるようなものになるかもしれません。そして、そうすることで、もしかしたらたくさんの人にやさしい社会になっていくのかもしれませんね。さて、経済効率を一番に優先させるか、少し経済効率は落ちても多くの人にやさしい社会をめざすか、あなたならどちらがいいですか。

◆——女らしさと男らしさを両方身につけるって……
　他の人とちょっと違う発想をするって、何となくおもしろいと思いませんか。ジェンダー・ステレオタイプに従って、力のある男性が仕事をするってのも簡単でいいですが、力のない人もどうやったらその仕事ができるようになるかを考えるのって、パズルみたいですね。

　さて、ここで、もう一度ジェンダー・ステレオタイプについて考えてみましょう。48ページの表1を見てください。よーく見るとあることに気づきませんか。それは、女性のステレオタイプには「愛情のある」

終章　最後に。私の気持ちが……

「思いやりのある」のように，他の人を思いやる心とか他の人となかよくやっていくために必要とされるような特徴が含まれていて，男性のステレオタイプには「独立した」「勇気のある」「精力的な」のように，自立して生きていくとか社会で活躍するときに必要とされるような特徴が含まれているということです。他人となかよくすること，自立した人間になること。このどちらも大切なものだと思いませんか。それならいっそ，「女らしさ」と「男らしさ」の両方を身につけるってのはどうでしょう。思いやりが必要なところでは思いやりを発揮し，自立した態度が必要なときには自立できるという感じです。

　バランスのとれた人間になるってことかな。女らしさも男らしさも，どちらか1つだけで，しかもそれが極端になると問題だけど，どちらももっていて，しかも中くらいならいいんじゃないかな，と私は思います。もし，あなたが，すでに思いやりをある程度身につけていたら，今度は自立することに挑戦する。そして，すでにある程度自立していたら，今度は思いやりをもつことに挑戦する。それって新しい自分に挑戦ってことかな。

　そうそう，地図が読めないなら，地図を持って町の中をうろうろしてみるとか，話が聞けないなら会話の上手な人を観察してみるとかするといいなと思います。

◆——他の人とちょっと違うことをやってみる？

　そうは言っても，やっぱり他の人と違うことを言ったり，やったりするのは，なかなかむずかしいもの。友だちから変なヤツと思われないためには，そしてステキな恋人を見つけるためには，ジェンダー・ステレオタイプに従っておくほうがてっとり早いかも。でも，もうちょっと考えてみたい，自分らしさにこだわって生きてみたいというあなたのために，もう少し続けてみましょう。

　「自分らしく生きる」「自分らしさにこだわる」といっても，多くの人は「自分らしさって何だろう？」と思っているんじゃないかな。そこで「自分らしさ」を発見するためのヒントを1つ。それは，いろいろなことをやってみるということ。ここで，ジェンダーにこだわらずに，いろいろなことをしている人を紹介しましょう。

　たとえば，野球選手。今のところ，高校生のやっている春や夏の甲子園には女子選手は出場できないそうです。どうして「女の子」というだけで出場資格がないのか，ちょっと悲しくなります。でも，東京六大学野球では女子選手が出場し始めました。そのひとり，竹本恵選手は，1999年の秋の新人戦で六大学史上初の日本人女性投手として登板しました。その後，少しずつ女子選手も増えているようです。

　飛行機の客室乗務員やバスガイドは女性の仕事，トラックの運転手は男性の仕事というイメージが強いか

終章　最後に。私の気持ちが……

もしれませんね。でも，次の写真を見てください。女性のバス運転手，整備工場で働く女性，保育士として働く男性。

働く人々（読売新聞社提供）

　街を走るタクシーの運転手さんを見てください。タクシーの運転手さんも，かつては男性ばかりでしたが，最近は女性もだんだんと見かけるようになってきました。2000年に大阪府知事に選ばれたのは女性の太田房江さん，熊本県知事は潮谷義子さんが当選，2001年に千葉県知事になったのは堂本暁子さんです。

　中学生，高校生のみなさんは，まだ将来の職業のことは考えてないかもしれないけど，毎日の生活の中で，○○は女のやること，△△は男のやることと決めつける前に，おもしろそうだったら，たとえ異性がやるものと思っていても，ちょっとそれにトライしてみませんか。もし，あなたが「これは異性のやること」と決

千葉知事に無党派・堂本氏

政党推薦候補破る
長野、栃木に続き

女性知事は3人目

夏の参議院選の前哨戦として注目された千葉県知事選は、二十五日投開票、即日開票の結果、無所属新人で前参院議員の堂本暁子氏（65）が接戦の末、政党推薦の三氏ら無所属の新人四候補を破り、初当選した。堂本氏は「日本の歴史を変えると思う」と勝利宣言した。

事選で初当選。Ｖサインをする堂本暁子氏＝25日午後11時50分、千葉市中央区本町

千葉県知事選最終得票

当 堂本	暁子	無新	491,205
岩瀬	良三	無新	472,325
若井	康彦	無新	428,153
河野	泉	無新	240,271
門田	正則	無新	53,865

子 68無 ①
前参院議員
（さきがけ
座長、ＴＢ
Ｓ記者）東
京都、東京

堂本氏は、市民グループに擁立されて勝手連型の選挙戦を展開、東京に隣接した都市部の「千葉都民」や女性からの支持を集め、熊本に続く三人目の女性知事誕生に。女性知事は大阪、熊本に続き、栃木で県知事選の推薦候補の勝利に、中央政界は与野党ともに衝

撃を受けている。
投票率は三六・八八
％で、前回の二八・六七％を上回った。
推薦していた自民、社民、
川共推薦、医師の河野泉氏、
井康之さん＝自民、公明、
自由連推薦、元同
県船橋市議の門田正則

五期務めた沼田武知事
の任期満了に伴う選挙は、都市計画家の若
が擁立。前参院議員の浅野彦さん＝民主、
（全員六十五）。

体などでつくる二十一
世紀の千葉を創る県民
の会」が擁立、県内外に
百を超える勝手連が結成
された。従来の保守層や
若井陣営の一部も堂本氏
支援に回った。堂本氏は
船橋、市川市など都市部
でもなく得票を重ねた。
岩瀬氏は三百以上の業
界団体などから推薦を得
たが、一時出馬に反対し
た直談団の動きが鈍か
った。終盤に公明党の支援

堂本氏は主婦や環境
団体などが「二十一
世紀の千葉を創る県民
の会」が擁立、県内外に
百を超える勝手連が結成
された。

前回選で約五十万票を
獲得した石井氏は現職敗
北。石井氏は何党も転換
の開発諮問からの転換や
地元選出衆院議員の離党
騒ぎなどもあり組織がま
とまらなかった。

のは初めて。
鳩山由紀夫代表ら党幹
部が頻繁に応援に駆けつ
けた若井氏は、民主党色
を出して政権与党への対
決姿勢を鮮明にしたが、
地元選出衆院議員の離党
騒ぎなどもあり組織がま
とまらなかった。

西日本 3・26

そのうち、「女性」知事なんて言葉もなくなるといいね。
だって「女性」がつくってことはめずらしいからでしょ？（西日本新聞2001年3月26日）

終章　最後に。私の気持ちが……

めつけていると，結局あなたの「自分らしさ」を発見することなく「私っていったい何をしてきたんだろう」と悩んだまま一生を終えるかも。みなさんの自分らしさはまだまだ発達途上。自分が何に向くのか，何が好きなのかは，これからいろいろなものにチャレンジしていくことで見つかっていくでしょう。「ぼくにはできないよー」と言って，何もしないのは簡単。でも，やったことのないものなら，どうしてできないとわかるのでしょうか。一度やってみてから「できないよ」と言ってみてもいいかもね。何しろ，みなさんの人生はあと何十年も残されているのだから。

◆——他の人とちょっと違うことを考えてみる？

　次に，ジェンダー・ステレオタイプの特徴について考えてみることにしましょう。これまで見てきたように，ジェンダー・ステレオタイプはみなさんも気づいていないうちにはたらいています。他の人を見ているときにも，その人が男か女かで見方を変えてしまうし，自分のやっていることもジェンダー・ステレオタイプの影響を受けています。こうしたことを，まず自分で自覚するのが大切です。

　詳しくは，『人についての思い込みⅡ』（06巻）を参考にしてもらえるといいのですが，他の人を見ているときに「やっぱり女の子は」「男のクセに」と自分が思っているかどうか，ちょっと自分の頭の中をのぞいてみましょう。もし，そんなふうに思っているようだ

ったら，ジェンダー・ステレオタイプにしばられているってことです。

こうして，自分の思ったり感じたりしていることを１つひとつ「自分はなぜこんなことを思っているんだろう。ステレオタイプのせいじゃないだろうか」とチェックしていくといいですね。そうするうちに，だんだんとステレオタイプから離れたものの見方ができるようになると思います。

『話を聞かない男，地図が読めない女』という本を紹介したところに書きましたが，「（身体が）女だからしかたない」「（身体が）男だからこうなのさ」と何もかもセックスのせいにしてしまうのは簡単。でも，せっかくジェンダーを知ったあなたなら「それって，もしかしてジェンダーじゃないのかなあ」ってことも考えてほしいのです。

◆──そして，親や先生も……

さて，今まで書いてきたようなことを考えたり実行したりして，あなたやお友だちはジェンダー・ステレオタイプから逃れることができるようになったかもしれません。でも，自分だけはジェンダー・ステレオタイプから逃れることができても，世の中の多くの人がまだまだステレオタイプにがんじがらめになっているとしたらどうでしょう。

「女の子なんだから，台所のお手伝いをしなさい」「泣くな。男のクセに」と言う親や先生。こんな大人

終章　最後に。私の気持ちが……

たち，どうすればいいでしょう。もし，みなさんが何かしたいのに「女の子はそんなことをするもんじゃない」とか「男のクセに」とか大人に言われたら……。頭にきますよね。でも，ここで頭にきてキレたりするのはよくないことです。

　親や先生たちは，みなさんよりもずいぶん長い時間を生きているので，いろんな経験を積んでいます。そして，あなたのことを子どもだと思っているので，もしかしたらあまり理由を説明せず「何も知らないくせに」とか「黙って言うことを聞け」とか「世の中はそうなっているんだ」とか，逆ギレするかも。こんなことを言う人は，自分ではあまり何も考えず，ジェンダー・ステレオタイプにしばられているってことでしょう。

　さて，こういうときどうすればいいでしょうか。あきらめるのも1つですが，それではこれからずっとあきらめて生きていかなくてはならなくなるかも。そこでまず，親や先生に，これまでの人生で自分たちがどんなことを感じてきたかを聞いてみましょう。きっと，多くの大人もみなさんと同じように，女であることや男であることで損をしたりたいへんだったりという経験があるはずです。そのことを思い出してもらって，そのときどう思ったかなどを聞いてみるといいでしょう。そして，今あなたが読んでいるこの本をそっと渡してあげる。親や先生を，少しでもジェンダー・ステレオタイプから解放してあげられるといいですね。そ

して，それに成功したら，たぶんあなたにとって，この世で一番ガンコな人たちを説得できたってことで，これから何が起ころうときっとこわくないぞ。まあ，時間はかかるかもしれないけど，気長に。親や先生のことを見捨てずに，あたたかい目で見守ってあげてください。

◆──そして，最後の最後に，感謝の言葉

　最後まで読んでくださったみなさん。ここまで読んでみて，どんなことを感じたり考えたりしましたか。今まで考えたことのないことやあたりまえと思っていたことに，「あれ？」と思うようになった人もいるかもしれませんね。いつも心のどこかに疑問のまま残っていたことにヒットした人もいるかも。また，逆に，そこまでいわなくてもいいんじゃないと思ったり，やっぱり私には関係ないと思っている人もいるでしょう。いろいろな反応があって当然です。むしろ，いろいろな反応がないような本だったら，ある1つのステレオタイプをみなさんの心に押しつけるようになって，この本を書いている私もコワイ……。けれども，この本がみなさんの心の中に，これからの将来や毎日の生活を考えるきっかけとなるような何かを残すことができたら，私はとても幸せです。では，みなさん，さようなら。

ジェンダーに関心をもった人にオススメの本

『ジェンダー・フリーの絵本』 全6巻 （大月書店）

　「絵本」っていう名前がついているけど，内容は中学生向け。身近なところからジェンダーについて考えさせてくれる。私もこの絵本を参考にして，あなたが今読んでいるこの本を書きました。

『性のグラデーション』 橋本秀雄著 （青弓社）

　著者の橋本さんは女性でも男性でもない「インターセックス」。世の中には女と男しかいないと思っている人にはぜひ読んでほしい。高校生向けかな。http://home3.highway.ne.jp/~pesfis/もぜひ見てみてください。

『はじめてのジェンダー・スタディーズ』 森永康子・神戸女学院大学ジェンダー研究会編
（北大路書房）

　この本は，恋愛，結婚，仕事，身体のことなど，みなさんの身近な問題が取り上げてあります。書いたのは，心理学者だけでなく，文学や経済学などの研究をしている人。本当は，大学生用に書いたものですが，高校生にもわかると思うよ。

この本で引用した文献

★1 上野千鶴子 1991 90年代のアダムとイヴ 日本放送出版協会

★2 ジョン・マネー,パトリシア・タッカー(著) 朝山新一・朝山春江・朝山耿吉(訳) 1979 性の署名 問い直される男と女の意味 人文書院 Money, J., & Tucker, P. 1975 *Sexual signatures: On being a man or a woman.*

★3 Tajfel, H., & Wilkes, A. L. 1963 Classification and quantitative judgement. *British Journal of Psychology*, **54**, 101-114.

★4 久保田健市 1999 カテゴリー化とステレオタイプ・偏見 岡隆・佐藤達哉・池上知子(編) 現代のエスプリ No.384 偏見とステレオタイプの心理学 pp.15-23.

★5 Seavey, A. A., Katz, P. A., & Zalk, S. R. 1975 Baby X: The effect of gender labels on adult responses to infants. *Sex Roles*, **1**, 103-109.

★6 Condry, J., & Condry, S. 1976 Sex differences: A study of the eye of the beholder. *Child Development*, **47**, 812-819.

★7 Williams, J. E., & Best, D. L. 1982 *Measuring sex stereotypes: A thirty-nation study.* Beverly Hills: Sage Publications.

★8 文部省 学校教員統計調査報告書 平成10年度

★9 Fidell, L. S. 1970 Empirical verification of sex discrimination in hiring practices in psychology. *American Psychologist*, **25**, 1094-1098.

★10 Pliner, P., & Chaiken, S. 1990 Eating, social motives, and self-presentation in women and men. *Journal of Experimental Social Psychology*, **26**, 240-254.

★11 Crowley, K. & Callanan, M. 1997 Shared scientific reasoning in parent-child interactions. Presented at Society for Research in Child Development, Washington, D.C.

★12 伊藤裕子・秋津慶子 1983 青年期における性役割観および性役割期待の認知 教育心理学研究, **31**, 146-151.

★13 デイヴィッド・ギルモア(著) 前田俊子(訳) 1994 男らしさの人類学 春秋社 Gilmore, D. D. 1990 *Manhood in the making: Cultural concepts of masculinity.* Yale University Press.

[著者紹介]

森永康子（もりなが・やすこ）
1959年　広島県に生まれる。
　　　　広島市立大手町中学校卒業。広島県立広島皆実高校卒業。
　　　　広島大学教育学部卒業。同大学院教育学研究科博士課程後期退学。博士（教育心理学）。
現　在　神戸女学院大学人間科学部助教授（生涯発達心理学，ジェンダーの心理学）
主　著　『ジェンダーの心理学』（共著，ミネルヴァ書房）
　　　　『女性の就労行動と仕事に関する価値観』（風間書房）
　　　　『はじめてのジェンダー・スタディーズ』（共編，北大路書房）

心理学ジュニアライブラリ　07

女らしさ・男らしさ
ジェンダーを考える

©2002　Morinaga Yasuko

Printed in Japan.　ISBN4-7628-2284-1
印刷・製本／（株）太洋社

定価はカバーに表示してあります。
検印省略

2002年10月30日　初版第1刷発行
2003年 8月20日　初版第2刷発行

著　者　　森永康子
発行者　　小森公明
発行所　　（株）北大路書房

〒603-8303　京都市北区紫野十二坊町12-8
　　　　　　電話（075）431-0361(代)
　　　　　　FAX（075）431-9393
　　　　　　振替　01050-4-2083

落丁・乱丁本はお取り替えいたします

心理学ジュニアライブラリを
読もうとしているみなさんへ

　心理学って，すごくおもしろいんです。そして，けっこう役に立つんです。

　といっても，心のケアが必要な人たちの手助けをするということだけではありません。どのような人たちにとっても，知っておくとためになる学問です。ただし，「心理学を学んだら，人の心を見抜けるようになったり，人をあやつることができる」などというような意味ではありません。テレビや雑誌で紹介されている占いや心理テストのようなものとも違います。やたらとむずかしい，わけのわからないものでもありません。

　この心理学ジュニアライブラリでは，それぞれの巻ごとにテーマをしぼって，多くの人たちが気づいていなかったり誤解したりしているであろう『人の心のしくみ』について解説してあります。そして，その解説したことにもとづいて，私たち心理学者が，みなさんになんらかのメッセージを送ろうとしました。その内容は，いずれも，みなさんがよりよく生活していくうえで大切だと，私たちが自信を持って考えているものです。また，どの内容も，学校や家庭であらたまって学ぶことがめったにないものです。人生経験を積んでいくなかで自然に身につくこともあまりないでしょう。これが，私たちがこのようなライブラリを発刊しようと考えた理由です。

　この心理学ジュニアライブラリを通して「へえー」とか「なるほど」というように感じながら『人の心のしくみ』についての新たな知を得，それをこれからの人生に少しでも活かしていただければ幸いです。

　　　　　　企画編集委員　吉田寿夫・市川伸一・三宮真智子

◆ 心理学ジュニアライブラリ ◆
（四六判・各巻112〜132ページ・本体価格1200円）

00巻　心理学って何だろう　　　　　　　　　市川　伸一

中高生のほとんどは，心理学とはどういうものかを知らないが，いろんなイメージはもっている。高校のクラスで行った大学教授の授業から，現代の心理学の姿を描く。「総合学習で学ぶ心のしくみとはたらき」と題した付録冊子付き。

01巻　じょうずな勉強法——こうすれば好きになる
　　　　　　　　　　　　　　　　　　　　　　　麻柄　啓一

「たくさんのことを簡単に覚える方法があれば…」と思ったことがあるだろう。この本を読むと勉強について新しい発見ができ，見方も変わってくる。勉強が必ず好きになる本。

02巻　読む心・書く心——文章の心理学入門
　　　　　　　　　　　　　　　　　　　　　　秋田喜代美

文章を読んだり書いたりする時に，心の中で何が起こっているのだろうか。その心のしくみがわかると，読む時・書く時に自分の心を見つめるまなざしが変わってくる。

03巻　やる気はどこから来るのか——意欲の心理学理論
　　　　　　　　　　　　　　　　　　　　　　　奈須　正裕

勉強をめぐって，先生や親から「為せば成る」とお説教されたことがあるだろう。意欲を出さない自分がわるいのだろうか。勉強への意欲について，心のしくみを解き明かす。

04巻　考える心のしくみ──カナリア学園の物語
三宮真智子

　本当の賢さとは何か？　架空の学校「カナリア学園」では，賢さの種類，考えることを妨げるからくりなど，考える心のしくみをテーマに魅力的な授業が展開される。

05巻　人についての思い込みⅠ──悪役の人は悪人？
吉田　寿夫

　「人について決めつけずに柔軟に考える力」というものは，学校の勉強だけでは十分には身につかない。本書を通して，人生の早い時期に，この考える力を身につけよう。

06巻　人についての思い込みⅡ──A型の人は神経質？
吉田　寿夫

　イメージや第一印象にとらわれた「○○は××だ」といった決めつけた考え方。なぜそんなふうに思ってしまうのか。その心のしくみを豊富な具体例で説明し，対処法も提案。

07巻　女らしさ・男らしさ──ジェンダーを考える
森永　康子

　「女と男は違う！」というあなた。本当に違っているのだろうか。本当に違うなら，どうしてそんな違いができたのか。「女・男」にしばられずに自分らしく生きていくヒント。

08巻　新しい出会いを活かして──転校を心理学する
小泉　令三

　転校や入学，クラス替えの時など，自分が新しい環境に移る時には新しい出会いがある。その体験を活かすためにはどのように考え行動したらよいか，様々なアドバイスを用意。